U0880367

2015年中国纺织行业品牌发展报告

《中国纺织行业品牌发展报告》编委会　编著

Annual Report on Brand Development of Chinese Textile & Apparel Industries(2015)

中国纺织出版社

内容提要

《2015年中国纺织行业品牌发展报告》是继《2012年中国服装家纺行业自主品牌报告》《2013年中国纺织行业品牌发展报告——丝绸羊绒篇》《2014年中国纺织行业品牌发展报告》发布后，中国纺织行业品牌年度报告的第四次发布。本报告是在大量专业资料研究、数百家企业数据调查分析和广泛调研走访的基础上编撰而成的，共分综述篇、行业篇、专题篇三部分。综述篇总体梳理了2015年我国纺织行业品牌发展现状和特点、面临的新形势与新挑战、下一步工作方向与重点；行业篇包括丝绸、羊绒、针织三个领域的品牌发展报告；专题篇包括“互联网+”纺织服装品牌融合发展、时尚创意产业园区发展两个专题研究。

《2015年中国纺织行业品牌发展报告》旨在通过归纳梳理中国纺织行业及重点专业领域自主品牌建设的新情况、新特点，深入分析行业品牌建设面临的新形势和新问题，系统研究当前行业品牌发展的重点和热点话题，展望未来发展趋势，提出下一步工作方向与重点，引导和推动中国纺织全行业品牌建设。本书脉络清晰，内容翔实，表述客观，导向性强，可作为政府部门、行业协会、有关企业的工作参考，也可供研究机构、专业院校、社会人士阅读借鉴。

图书在版编目(CIP)数据

2015年中国纺织行业品牌发展报告/《中国纺织行业品牌发展报告》编委会编著. —北京：中国纺织出版社，2015. 12
ISBN 978-7-5180-2221-2

Ⅰ.①2… Ⅱ.①中… Ⅲ.①纺织工业—品牌—工业发展—研究报告—中国—2015 Ⅳ.①F426.81

中国版本图书馆CIP数据核字（2015）第284928号

责任编辑：张思思　　责任校对：余静雯
责任设计：何　建　　责任印制：何　建

中国纺织出版社出版发行
地址：北京市朝阳区百子湾东里A407号楼　邮政编码：100124
销售电话：010—67004422　传真：010—87155801
http://www.c-textilep.com
E-mail:faxing @c-textilep.com
中国纺织出版社天猫旗舰店
官方微博http://weibo.com/2119887771
北京华联印刷有限公司印刷　各地新华书店经销
2015年12月第1版第1次印刷
开本：889×1194　1/16　印张：9.25
字数：180千字　定价：168.00元

凡购本书，如有缺页、倒页、脱页，由本社图书营销中心调换

《2015年中国纺织行业品牌发展报告》

编委会

顾　　问：杜钰洲　许坤元

主　　任：王天凯

副 主 任：高延敏　孙瑞哲　张　莉

委　　员（按姓氏笔画排序）：

孙淮滨　苏葆燕　李斌红　杨世滨　杨永元　杨兆华　沙南生

张庆辉　陈大鹏　夏令敏　黄淑媛

编写组

组　　长：张　莉

副 组 长：曹学军　曹庭瑞　苏葆燕

责任编辑：恋露露

成　　员（按姓氏笔画排序）：

王　欢　王贵宝　王　琪　田　君　田　洁　朱国学　刘凤坤

刘文全　刘正源　刘　欣　刘艳雪　刘　焱　安　平　杜金辉

李环宇　杨晓锋　吴砚文　陈新伟　纵瑞龙　林光兴　柳恩见

钱有清　徐　平　黄先琮　黄　萍　翟燕驹

序

2015年，是中国经济创新驱动、提质增效的一年，也是中国纺织行业深度调整、转型升级的一年。纺织行业作为我国国民经济和社会发展的民生与支柱产业，在传统产业地位不断巩固的同时，也已成为推动文化创意、引领生活方式的时尚与消费产业。在“大众创业、万众创新”的新时期，在互联网快速发展的新形势下，全行业品牌建设呈现新面貌，高新技术应用更加深入，创新创意能力持续增强，品牌文化内涵不断深入人心，产品定位细分化和品牌差异化趋势日趋明显，资源整合与资本运营有效提升品牌竞争力。

为全面、客观反映中国纺织行业品牌发展的新情况和新环境，围绕当前行业品牌建设的重点领域和热点问题，总结纺织行业自主品牌的发展现状和特点，着眼于当前品牌建设的关键环节，分析面临的形势和问题，研究未来发展趋势和方向。为了提炼行业品牌建设新特点，梳理品牌建设新趋势，我们还根据工业和信息化部与中国纺织工业联合会自2012年起连续四年对部分纺织服装自主品牌企业开展的跟踪调查，完成了《2015年中国纺织行业品牌调查报告》的编撰，旨在用数据反映当前行业品牌发展变化情况，总结品牌发展的轨迹。

《2015年中国纺织行业品牌发展报告》是纺织行业品牌发展报告的第四次编制发布。期望本报告能够为中国纺织行业品牌建设提供参考，为广大纺织服装企业品牌培育工作提供帮助。

中国纺织工业联合会 会长
中国纺织服装品牌战略推进委员会 主任

2015年11月

目　录

综述篇

第一章　中国纺织行业品牌发展现状和特点

2015年是“十二五”规划的收官之年，也是纺织行业步入经济新常态、全面深度推进结构调整和产业升级的关键一年。在党和国家一系列方针政策的引导下，纺织行业呈现出经济运行稳中向好、结构调整持续推进、创新能力逐渐增强、品牌建设风生水起的发展态势。作为我国传统支柱产业、重要的民生产业，纺织行业已成为科技和时尚融合、衣着消费与产业用并举的产业，成为创造国际化新优势的产业，在美化人民生活、带动相关产业、拉动内需增长、建设生态文明、增强文化自信、促进社会和谐等方面发挥着重要作用。

一、纺织行业发展现状

（一）发展态势基本稳定，总体实现稳步增长

中国经济步入由高速向中高速增长转换的新常态，纺织行业也呈现出“缓中趋稳，稳中向好”的明显特征，进入由高速增长向中速增长变化的周期，开始了深度调整结构、加快转型升级的新阶段。

2014年，全国GDP增长7%，同比回落0.3个百分点；2015年前三季度增长6.9%，继续回落0.4个百分点。与全国经济增速走势相同，2014年，纺织行业工业增加值增速为7%，同比回落1.3个百分点；2015年前三季度增长6.6%，较2014年回落0.4个百分点。

（二）运行质量稳中向好，提质增效效果明显

2014年，我国规模以上纺织企业实现主营业务收入67220亿元，同比增长6.83%；利润总额3663亿元，同比增长6.12%；利润率为5.45%，与上年基本持平。2015年前三季度，规模以上纺织企业实现主营业务收入50654亿元，同比增长5.22%；利润总额2548亿元，同比增长9.43%，高于主营业务收入增幅4.21个百分点；实现利润率5.03%，行业提质增效效果明显。

（三）内需市场增长较快，网销持续高速增长

从限额以上商品零售情况来看，2014年服装鞋帽、针纺织品零售额12563亿元，增长10.9%，比限上消费品总体水平高出1.6个百分点，占限上消费品零售额的9.4%；2015年前三季度，限上服装鞋帽、针纺织品零售额9364亿元，同比增长10.2%，比限上消费品增速高出2.7个百分点，占限上消费品零售额的9.3%。2014年，服装家纺网络零售交易额为6840亿元，同比增长39.6%；2015年上半年交易额为3566亿元，增长28.7%，销量稳居各大类商品网销首位。

（四）区域结构持续优化，中部投资稳步提升

中部地区投资占比持续提升，东部投资占比持续下降。2014年，中、西部地区投资分别增长14.13%、21.55%，比重分别提高0.2、0.6个百分点；而东部投资占比则下降0.8个百分点。2015

年前三季度，中部地区投资增长17.62%，占全行业的31.3%，投资占比持续提升，提高0.5个百分点；而东部地区投资小幅萎缩。

（五）出口面临严峻考验，出现多年未见负增长

2014年，我国纺织品服装出口额为2984亿美元，同比增长5.09%。进入2015年，受欧元、日元贬值，订单转移，国际市场复苏疲软，新兴市场需求放缓，原料价格下行等因素的影响，出现了多年未见的出口总额下降且量价齐跌现象。2015年前三季度，我国纺织品服装出口2133亿美元，出口下降且降幅逐步扩大至4.75%。其中，纺织品下降1.49%，服装下降6.70%。

二、纺织服装品牌发展现状

（一）品牌战略列为2015重要战略任务

品牌战略作为制造强国的重大战略，受到中央高度关注。2015年5月，国务院发布《中国制造2025》，提出建设制造强国，必须更多依托中国品牌，实现中国制造向中国创造的转变，中国速度向中国质量的转变，中国产品向中国品牌的转变，完成中国制造由大变强的战略任务；明确了“质量为先”的战略方针，提出要加强自主品牌培育，将“加强质量品牌建设”列为战略任务和重点。2014年2月，国务院印发《关于推进文化创意和设计服务与相关产业融合发展的若干意见》，各地对服饰文化的产业定位以及适用政策有了较大突破。2015年3月，中共中央宣传部新闻局发布《关于印发<加强中国品牌对内对外宣传工作方案>的通知》，要求“各媒体集中开设品牌专栏、做好重要时间节点宣传、宣传中国品牌的文化内涵和责任担当并介绍中外著名品牌的成功经验”。一系列支持引导品牌建设的战略文件出台，使自主品牌成长的生态环境进一步得到改善。

（二）纺织行业品牌建设取得明显成效

“十二五”时期，纺织行业品牌建设的外部环境进一步改善，品牌企业快速发展，国家政策支持、行业协同推进、企业培育管理、社会机构参与等多方共建品牌格局基本形成，由质量、创新、快速反应、社会责任及品牌文化构成的品牌价值体系得到广泛认同和践行。行业性品牌培育与品牌价值评价制度初步形成。根据中国商业联合会、中华商业信息中心全国大型零售企业数据统计，目前国内市场活跃的国内外服装家纺品牌约4000个，其中国内品牌3500个，自主品牌是国内消费市场的主力军。截至目前，全行业拥有“中国驰名商标”300多个。

工业和信息化部会同中国纺织工业联合会自2012年开始，连续四年对服装家纺自主品牌企业开展了调查工作（简称“重点品牌企业调查”）。调查显示，“十二五”期间，品牌企业呈现良性发展态势。2010~2014年，重点品牌企业规模逐年增长，主营业务收入累计增长40.42%，年均增长8.86%。盈利能力保持较高水平。利润总额累计增长25.61%，年均增长5.87%；2014年平均利润率达8.51%，明显高于纺织全行业5.45%的利润率水平。更加重视研发设计投入。投入额累计增长23.08%，年均增长5.33%；投入强度保持在2.2%~2.4%，明显高于全行业1%左右的水平。营销渠道不断扩张调整且更加多元化。网点数量累计增长26.64%，年均增长6.08%；实体店销售额累计增长51.15%，年均增长10.88%；网络销售额累计增长61.52%，年均增长12.73%。

三、纺织服装品牌发展的新特点

纺织服装品牌发展也呈现出更加贴近市场，注重消费者体验；更加注重创新，提升品牌价值；更加注重文化，增强品牌软实力；更加注重互联网应用，增强整体竞争力的趋势与特点。

（一）产品细分差异定位，高性价比顺应理性消费

近两年，在国际快时尚品牌的扩张、电商渠道不断向实体渗透的影响下，消费观念逐渐回归理性，以快时尚及淘品牌为代表，拥有更大消费群体的大众平价服饰迅速崛起。2015年前三季度，全国重点大型零售企业服装零售额同比增长1.3%，销售量同比增长7.1%，销售价格同比下降5.4%，部分服装品牌均价下调20%~30%。顺应市场变化，品牌企业更加注重研究目标消费群，根据消费市场时尚化、差异化、个性化的新趋势，调整品牌战略、细分市场，注重品牌的精准定位，向多品牌、差异化、高性价比方向转型发展。

大连思凡将其品牌细分为四个系列："思凡基本SUNFED BASIC"定位于成熟知性女性的日常基本衣着、"思凡假日SUNFED HOLIDAYS"定位于职业休闲及周末假日休闲衣着、"思凡黑牌SUNFED BLACK"定位于高端定位产品及晚装系列，而"SUNFED Girl"定位于年轻女性的电商品牌，通过细分产品定位，精准对接目标客户群体的消费需求，2015年上半年实现主营业务收入同比增长35%。

安踏运动装与鞋类率先进行产品差异化调整，与其他同类品牌形成差异化错位竞争；同时十分注重提升品牌产品性价比，以完整的产业链和科技创新，使安踏在价格上占有竞争优势；此外，还通过扩展儿童产品领域、引进时尚运动品牌FILA授权、增加网上销售等其他业务手段，提升市场占有率和业绩，2015年上半年实现主营业务收入51.1亿元，同比增长24%；净利润9.65亿元，同比增长20.2%。

温州"乔菲"以社区实体店降低终端店铺租金费用，以个性定制实现零库存，以实惠的价格与周到的服务赢得良好的口碑，让消费者口口相传，减少品牌宣传推广的费用。近两年，"乔菲"与平价"意尚咖啡"相伴在浙江、江苏等省的二、三线城市社区开了十多家门店，主要针对40岁以上的成熟女性，以平价定制取得不菲的口碑与业绩。

（二）注重借助高新技术，追求更高品质更多功能

第一，功能性面料得到越来越多的应用。

品牌企业愈加注重加大研发投入，以提升产品技术创新能力。"重点品牌企业调查"显示，近两年企业户均研发设计投入均超过5000万元，研发投入强度达2.4%。品牌企业更加注重发挥产学研结合的协同创新作用。例如，东华大学针对中老年消费者研发了具有抑菌防体味的珍珠纤维、中药珍珠纤维，防风湿风寒、抑菌防螨纤维面料。一些服装家纺品牌企业将这些功能性面料用于内衣产品和床上用品。

第二，智能服装备受关注并将迎来高速增长。

目前国际上出现的智能服装主要分为两类：一类是运用智能服装材料，包括形状记忆材料、相变材料、变色材料和刺激——反应水凝胶等；另一类是将传感技术、微电子技术和信息技术引入人们日常穿着的服装中，包括应用导电材料、柔性传感器、低功耗芯片技术、低功耗无线通信技术和电源等。

据国际知名咨询公司Gartner（高德纳）预测，全球智能服装将从2013年、2014年出货量几近为零的冰冻状态跃升到2016年预计的2600万件，成为智能穿戴领域出货量最大的品类之一。

部分高校、科研院所和企业已经开始开展了柔性传感技术的研究并进行产业化应用开发，智能服装即将迎来新一轮的高速增长。石墨烯开始应用到智能服装服饰领域，石墨烯发热坐垫、马甲、发热登山服、迷彩服、晚礼服等成功研发并陆续上市。

（三）提升管理运营绩效，优化品牌营销渠道布局

在渠道建设方面，越来越多的品牌企业改变了以往单纯注重规模扩张的策略，转化到提升店铺坪效、提高单店运营质量、优化渠道布局上来。购物中心愈加受到关注，一些品牌纷纷关闭部分低效店铺，参照专卖店经营管理模式，拓展购物中心店。通过对重点品牌企业跟踪调查，2015年上半年，32.7%的品牌企业收缩了终端店铺数量，12.9%的企业收缩率在10%以上。据中国商业联合会数据，2014年我国购物中心超过3500家，到2015年将达4000家，2025年超过万家。购物中心可望成为众多品牌的重要销售渠道。

海澜之家注重开店质量、优化门店布局，同时强化门店拓展，与万达等商业企业展开战略合作，借助大数据分析，提高营销准确度，整体营收规模大幅提升。2015年上半年，海澜之家新开门店207家，同比增长6.89%，单店效益保持快速增长；前三季度营业收入113.25亿元，同比增长39.04%；归属于上市公司股东的净利润22.9亿元，同比增长41.95%。

利郎从2014年下半年开始改变了以往在省会及地级市开店的策略，从街边店转到购物中心开设大店，关闭了一些低效店，执行“提质不提价”的策略，在设计、产品工艺和用料方面下工夫，务求进一步提升原创产品的比例、产品的性价比以及品牌竞争力。2015年上半年，利郎总店铺数量共3080家，净利润2.77亿元，同比增长11.6%。其中，主品牌LILANZ增加了15间大店，净减少15家至2768家店；L2净增16家至312家店。同期实现营业收入11.88亿元，同比增长9%；净利润至2.77亿元，增长11.6%。

（四）借势“互联网+”平台，加快实现行业转型升级

“互联网+”成为备受行业追捧的热点。互联网的迅猛发展，在给人们生活带来翻天覆地变化的同时，也给纺织服装行业品牌建设带来了全新的变革。它已渗透到生产制造、渠道创新、资本运营、宣传推广等各个方面，为打造全产业链品牌价值新优势提供了平台。

（1）生产制造向智能制造转变。互联网正在对提升制造业的数字化、网络化、智能化水平，加强产业链上下游协作，促进协同制造的新模式发挥越来越重要作用。继青岛红领之后，报喜鸟、雅戈尔、九牧王、鲁泰、东蒙等一批生产型品牌积极探索工业4.0与智能制造，推广规模化个性化定制、网络化协同制造和服务型制造等新兴模式。一批基于互联网的产业链协同公共服务平台诞生。面料产业也开始寻求线上商机，出现了一批创业公司并开始推出相关网站及APP，如百布、搜布等。目前已经出现在市场上的面料交易线上平台中，有的针对服装公司采购部门大宗交易，也有的针对设计师品牌小批量生产。而一些相关APP更是推出图片识别、视频选布、快递小样等更为高级的功能。此外，优料宝、搜芽网等在线面料交易平台已完成数千万元融资。

（2）渠道建设加速创新变革。近几年，B2B、B2C快速发展，D2C、C2M、微商等社交电商这些新型模式出现，使销售渠道加速创新变革，诸多品牌实现了O2O全渠道模式。2015年上半年，中国纺织服装电子商务交易额达到1.76万亿元，同比增长24.82%，占全国电子商务交易总额的23.85%。重点品牌企业调查显示，90%的品牌企业有网上销售业绩，30%以上的企业网上销售额超过1亿元。一些品牌开设线下体验示范店，满足线下体验、线上购买的消费需求。年中，天猫与全球110多个集团的160多个服饰品牌签署战略合作协议，包括GAP、迪卡侬、阿迪达斯、ZARA等具有全球影响力的品牌。一些快递公司也成为纺织服装产品网上销售渠道。2012

年，顺丰速运集团成立顺丰优选网购商城，近期增设了服装服饰产品领域。

（3）资本运营助推品牌提升。依托互联网，P2P网络借贷、众筹、互联网信托等互联网金融产品出现。一些上市公司通过资本运营，对相关行业的并购风生水起。2015年6月，左岸（中国）有限公司宣布收购国内首家移动互联网时装购物平台上海德升时装有限公司，涉足微商领域，通过创立"合伙人分销"商业模式，把在移动互联网平台购物的消费者转化成消费商。朗姿股份提出"泛时尚生态圈"战略，连续参股、收购电商APP品牌明星衣橱，与联众国际搭建"互联网+时尚"战略布局，并于2015年6月在香港成立全资子公司，为境内外市场的投资和垂直时尚品牌的引进做铺垫。主营高端男装的卡奴迪路在收购意大利时尚运动品牌DB母公司Levitas 51%股权后，获得DB大中华区运营授权，并筹划产业基金，主要投向国外品牌和互联网。

（4）宣传推广手段不断创新。依托大数据分析等新兴技术为基础，各种新方式为手段的"互联网+"推广模式逐步走上前台，微信、手机APP、第三方推广平台等新型营销方式迅速发展，成为诸多品牌宣传推广的重要渠道。一些品牌开始对消费者进行点对点交互式的营销推广，主动为用户进行推送信息，不仅降低了品牌与消费者的交互成本，让企业可以快速响应用户的具体需求，更实现了精准营销，为销售增添了更多的机会和成功率。

此外，互联网的快速发展也大大加速了品牌的国际化进程。百圆裤业先后投资三家各具特色的跨境电商企业，并将公司更名为"跨境通宝电子商务股份有限公司"。上海森马与韩国ISE公司签订《合资经营合同》，计划发展跨境电商业务。

（五）尝试建立产业基金，运营资本布局关联产业

2014年以来，品牌企业尤其是上市公司相继出资设立了多支产业基金，通过资本运营布局关联产业，扩大经营业务领域。2014年3月，凯撒股份发起1亿元的专项产业基金，后增资到2.6亿元，主要从事服饰、文化等产业股权投资或债权投资及相关顾问业务。2014年11月，七匹狼出资3亿元与弘章资本合作发起境内人民币基金，主要投资于消费品牌企业、连锁经营、零售企业以及互联网相关企业。2015年1月，探路者全资子公司天津新起点投资管理有限公司与江西和同资产管理有限公司共同发起3亿元人民币的探路者和同体育产业并购基金，专注于投资体育垂直类媒体和大众体育赛事相关领域的企业。2015年3月，雅戈尔发布公告称，公司及下属公司决定以现金出资10亿元设立健康产业基金，主要针对大健康产业处于成长期、扩张期、成熟期，具有良好的行业发展前景和极具并购价值的企业进行股权投资。2015年4月，家纺龙头企业罗莱家纺发布公告称，与和而泰牵手，进军睡眠健康监测与咨询、大健康等领域。5月19日，公司又称，将出资2亿元与加华裕丰合作设立产业投资基金，布局大家纺、大家居产业链。

除企业为主体设立的基金外，各地区也在大力推进区域性纺织服装产业基金的设立。2014年新疆为加快推进发展纺织服装产业的发展，设立了规模为200亿元的纺织服装产业发展专项资金；2015年5月，宁夏银川纺织产业投资基金在银川金凤区工商局注册成立，基金规模4.5亿元；目前，山东、重庆等地区政府也在筹划建立纺织服装产业基金。

（六）发挥产业集聚效应，各地积极培育区域品牌

随着城市转型和城镇化步伐加快，各地对打造时尚城市表现了极大的热情，纷纷出台扶持政

策大力发展时尚都市产业，加快区域品牌与企业品牌的互动发展，提高城市综合竞争力。遍布全国的产业集群也纷纷通过打造区域品牌提升集群的市场竞争力。

2014年3月，工业和信息化部启动产业集群区域品牌建设试点示范工作。截至目前，深圳时尚产业（服装、内衣等）、海宁皮革服装、常熟秋冬装、清河羊绒、温州服装、南通通州家纺、嵊州领带等7个地区成为工信部区域品牌试点地区。

创意园区成为区域品牌建设的新亮点。在国家支持文化创意产业发展、企业重视创意设计的背景下，近几年北京、上海、深圳、广州、杭州、青岛等中心城市纺织服装创意产业发展迅速，创意产业园区相继创建，纺织服装行业作为文化创意产业的组成部分的特征进一步显现。当前，我国纺织服装创意园区基本形成了三足鼎立的格局，即以北京为主覆盖华北地区的环渤海创意园区；以上海为主辐射江浙地区的长三角创意园区；以广州和深圳为中心的珠三角创意园区。主要功能包括：集聚企业总部、搭建公共服务平台、商贸集散地、聚焦设计研发、汇聚人才优势以及深耕电商服务等。为加快创意园区建设，北京、上海、浙江、江西等地政府部门从建设用地、专项资金、财税减免、专业培训、宣传推广、人才引进、平台建设等方面给予政策支持。目前，为促进创意园区协同发展，工业和信息化部、中国纺织工业联合会共同发起了成立全国纺织服装时尚创意产业园区联盟的倡议。

（七）并购海外优势品牌，加强品牌国际资源整合

我国纺织服装品牌企业全球布局、国际化步伐进一步加快，已进入跨国布局的新阶段，海外投资呈现多区域、多行业和多形式加速推进的态势。2014年，中国内地企业海外并购交易数量同比增长超过30%，创历史新高，海外并购交易额达569亿美元。截至2014年底，中国企业在海外设立纺织服装生产、贸易类企业超过2600家，分布在超过100多个国家和地区。重点品牌企业调查显示，2014年25%的品牌企业海外设有销售网点，平均布局超过10个国家。

部分有条件的服装品牌通过并购、合资及参股等多种方式加强与海外高端品牌合作，从而拓宽受众群体或者销售渠道，建立可以全方位覆盖整个“生活方式”领域的多品牌组合。而本土品牌陆续登陆资本市场，也为它们提供了能够收购国外高端品牌提供了融资渠道，促使它们积极转变战略布局。此外，加强国际合作也可以结合欧美团队在产品设计、品牌推广及营销方面的专业技能及中国团队在供应链、渠道扩张及中国消费者认知的成熟经验，从而共同拓展中国市场。UTG投资基金、上海纺织、宁波先锋新材料、上海嘉麟杰、山东如意、深圳玛丝菲尔、深圳歌力思的行业内并购，使得纺织服装业界全球并购也开始风生水起。

中国服饰控股有限公司通过合资或直接收购的形式，将London Fog、Zoo York、MCS（原Marlboro Classics）、Henry Cotton’s及Marina Yachting等一系列欧美中高端服饰品牌纳入囊中。2014年，深圳玛丝菲尔时装有限公司收购了意大利成衣品牌Krizia，朗姿则通过韩国子公司以1.8亿人民币收购韩国最大的婴幼儿服装品牌AGABANG，拓展婴幼儿服装及用品市场。2015年，广州卡奴迪路服饰股份有限公司以4068万欧元收购意大利LEVITAS S.P.A.公司51%股权，并间接获得Dirk Bikkembergs品牌在中国内地的品牌运营授权。深圳歌力思服饰股份有限公司以1118万欧元收购德国高档女装品牌Laurèl在中国内地的商标所有权及使用权，并将拥有Laurèl品牌在中国内地的独立设计、定价和生产权。

第二章　中国纺织行业品牌建设面临的新形势与新挑战

在中国纺织服装品牌创新发展的当下，国家出台的“一带一路”、“大众创业万众创新”战略，为品牌的创新发展提供了更加有利的发展环境，互联网的迅猛发展更是为品牌发展带来了颠覆式的创新变革；而与此同时，国际经济金融形势的错综复杂，近期生效的TPP协定也给中国品牌带来了新的挑战和压力。

一、纺织行业品牌建设面临的新形势

（一）“一带一路”国家战略带来新愿景

“一带一路”战略布局是对外开放战略的重大调整，已经引起了国内和相关国家、地区乃至全世界的高度关注和强烈共鸣，对推进我国新一轮对外开放和沿线国家共同发展意义重大。“一带一路”布局贯穿于欧亚大陆，是世界上跨度最长的经济大走廊，沿线多是新兴经济体和发展中国家，大多处于经济上升期，极具发展潜力。这对于纺织业是调整产业布局，开拓新兴市场，加快转型升级，重构竞争优势的难得机遇。

第一，有利于推动纺织产业结构调整和优化布局。“一带一路”的战略构想与东、中、西部协同发展的结构调整战略规划相协调，“一带一路”尤其是“一带”起始于西部，也主要经过西部通向西亚和欧洲，这必将使得我国对外开放的地理格局发生重大调整，将进一步带动西部经济进步和相关行业的发展。同时，东部地区正在通过连片式的“自由贸易区”建设进一步提升对外开放的水平，依然是我国全面对外开放的重要引擎。

第二，有利于提升中国在国际资源分配中的产业地位。随着中国的劳动力成本逐年上升，纺织品服装加工向劳动力成本比较低廉的国家转移是大势所趋。“一带一路”战略构想，为重构中国在国际资源分配中的产业地位，提供了良好的机遇。部分加工能力可以转移到要素成本更低的国家和地区，而在加快行业设计创意、技术创新、商业模式创新、品牌文化软实力等方面下工夫，提升自主品牌竞争力，提高中国品牌在国际市场中的地位，推动行业转型升级。

第三，为中国品牌国际化创造更加广阔的市场空间。“一带一路”战略与中国自由贸易区战略紧密联系。目前，我国在建自贸区涉及32个国家和地区，其中大部分处于“一带一路”沿线。因此，中国的自由贸易区战略必将随着“一带一路”战略的实施而得到落实和发展，为中国品牌国际化发展提供更为广阔的市场空间和发展平台。“一带一路”本质上是一个国际性区域经济的范畴，随着“一带一路”战略的实施，必将引发不同国家和地区的区域发展模式、产业战略选择、区域间合作方式等方面的创新，从而带来更多的机遇。此外，“一带一路”沿线国家和地区的多种形式的各种金融创新，包括发行证券、设立基金和创新金融机制等，也将为我国品牌发展带来更多的红利和机遇。品牌企业还可以充分利用贸易合作关系，逐步建立现代海外物流体系。

（二）“双创”战略为品牌创新提供新机遇

2015年6月，国务院印发《国务院关于大力推进大众创业万众创新若干政策措施的意见》（国发[2015] 32号），从创新体制机制、优化财税政策、搞活金融市场、扩大创业投资、发展创业服务、建设创业创新平台、激发创造活力、拓展城乡创业渠道等领域，提出了具体政策措施。9月，《国务院关于加快构建大众创业万众创新支撑平台的指导意见》（国发[2015] 53号）出台，就加快构建大众创业万众创新支撑平台，推进众创、众包、众扶、众筹持续健康发展，从拓展融资渠道、营造发展空间、完善市场环境、优化政策扶持等角度提出了指导性意见。

随着我国资源环境约束日益强化，要素的规模效益逐步减弱，传统的高投入、高消耗、粗放式发展方式难以为继，经济发展进入新常态，以创新驱动创业，创业带动就业已经成为了经济发展新常态下的新引擎。对于我国纺织服装品牌发展来说，“大众创业万众创新”战略将带来以下几方面机遇：

第一，有利于中小品牌孵化和原创设计品牌的发展。“大众创业万众创新”战略提出，完善普惠性税收措施，对天使投资等支持创新活动的投资给予税收支持，对创业投资高新技术企业给予70%应纳税所得额税收抵免，将为中小品牌孵化及原创设计品牌的发展提供更多的政策措施支持。同时，创意园区能够为原创设计师创业提供物理空间、基础设施及一系列专业化的服务支持，进而降低创业者的创业风险和创业成本。因而，创意园区与中小微企业品牌、原创设计品牌的发展相辅相成，相互促进。

第二，为创意园区发展提供了良好的机遇。随着行业品牌意识的增强，创意设计愈加受到重视，近几年各地纺织服装创意园区逐渐兴起，“大众创业万众创新”战略提出，对新型孵化机构实行税收优惠政策，发展创业创新区域平台，推动区域集聚发展，将为推动创意园区建设、区域品牌发展带来良好的机遇。

第三，将带动品牌相关现代服务业的发展。推进“大众创业万众创新”，有利于推动中国制造向中国创造的转变，扩大就业，创建全社会共同参与推动创新能力提升的局面，一批服务平台和服务机构将应时而生，带动人才推介服务、知识产权服务、金融服务、各类咨询服务等品牌相关现代服务业的发展。

（三）互联网迅猛发展助推品牌创新变革

2015年7月初，国务院印发《关于积极推进“互联网+”行动的指导意见》，表明“互联网+”已上升到国家战略高度。中国互联网的快速发展为“互联网+”战略的实施提供了坚实的支撑。中国互联网络信息中心（CNNIC）于2015年7月23日发布的《第36次中国互联网络发展状况统计报告》显示，截至2015年6月，我国网民规模达6.68亿人，半年间新增网民1894万人；其中，手机网民5.94亿人，新增3679万人，手机上网人群占比提升至88.9%，提高了3.1个百分点；互联网普及率为48.8%，提升了0.9个百分点。2015年9月，移动数据服务平台Talking Data发布的《2015中国移动互联网发展指数数据报告》显示，中国移动智能终端规模已达12.4亿台。

在互联网的迅猛发展下，互联网创新正为

不同行业带来巨大影响，极大地改变了商品生产、数据使用、提供产品和服务的方式，以及消费者购物与支付方式。未来，我国纺织服装品牌将在互联网快速发展的推动下将迎来更深层次的变革。

第一，将推动产业链的协同创新。互联网已经渗透至原料供应、设计生产、物流包装、渠道销售、售后服务等各个环节。“互联网+”战略将推动生产方式由传统大规模制造向个性化批量生产转型，由单纯制造业向制造业服务化转型，组织结构趋向网络化和扁平化，创新方式向跨领域、网络化协同创新转变，推动中国制造向中国智造的转变。

第二，跨境和国内电子商务高速发展催生新的业态和商业模式。广大中小微企业创业、创新活动门槛进一步降低，基于互联网的跨界创新蓬然兴起。纺织实体经济与互联网经济加快融合，自动化、数字化、智能化装备和技术加速在行业中推广应用，大数据和多网融合下跨国、跨区域资源整合的云计算、云服务、云制造方式加快推进，越来越多服装家纺品牌企业开始以电商O2O起步建设企业云制造、云服务平台。纺织工业互联网化发展为行业转变传统生产、经营和流通方式创造了更广的空间，也对原有生产经营方式带来很大冲击，促进了行业加速洗牌。行业将在不断突破固有思维，主动调整转型的过程中，更好地适应和引领信息经济时代的创新发展。

第三，互联网金融为品牌企业融资开拓了新的渠道。当前已经出现的互联网金融产品包括：第三方支付、P2P网络借贷、股权众筹融资、互联网基金销售、互联网保险、互联网信托和互联网消费金融等。2014年，我国第三方移动支付市场交易规模达59924.7亿元，同比上涨391.3%。互联网基金“宝宝”类产品超过80只，85家保险公司开展了互联网保险。今年上半年，P2P网贷正常运营平台数量上升到2028家，比2014年底增长28.76%，成交量超过6800亿元。

二、纺织行业品牌建设面临的压力与挑战

（一）经济下行与生产要素成本给品牌经营带来压力

第一，经济下行带来运营压力。当前，世界经济仍然缓慢复苏，增长乏力，出口形势严峻，国内经济受到下行压力。联合国经济和社会事务部指出，当前世界经济形势的特点可以用“五低两高”来形容，即低增长、低贸易流动、低通货膨胀率、低投资和低利率，高股价和高债务水平，预计2015年全球经济增长2.8%，2016年增长3.1%。国际经济金融形势错综复杂，国际金融和大宗商品市场异常波动，对我国企业的生产经营、进出口和资本流动带来显著影响，近期生效的《跨太平洋关系协定》（TPP）将使我国对美国、日本、加拿大和墨西哥出口受到冲击。近几年，中国经济增长速度逐渐放缓，当前增幅保持在7%左右，整体经济运行处于“三期叠加”阶段，即经济增长速度的换档期、经济结构调整的阵痛期、前期刺激政策消化期，要适应经济发展的新常态，企业经营面临深层次调整、产业结构优化等转型升级压力。

第二，生产要素成本持续上升。据中国纺织工业联合会2015年中期开展的调查显示，74%的企业表示用工成本仍在上涨，43%的企业涨幅超过10%。由于生产要素成本持续增加，全球纺织服装业正在进行新一轮的产业转移，中国部分订单正在向成本更低的东南亚国家转移，倒逼我国纺织服装产业转型升级。此外，融资难、融资贵、流通费用过高等老问题仍未缓解，中小企业生存困境尤为突出。

（二）国际品牌在华快速拓展挤占自主品牌市场空间

以优衣库、H&M、ZARA为代表的国际快时尚品牌在中国市场加速扩张，将主要市场延伸到二、三线城市，并且通过创建新品牌，凭借差异化组合和全渠道运营战略强化竞争力。快时尚品牌的迅猛发展，给我国市场格局带来冲击，自主品牌发展空间不断受到挤压。

第一，快时尚品牌在华店铺不断扩张。近几年，中国市场快速发展成为国际快时尚品牌的最大市场。据赢商网、联商网统计，截至2015年8月底，优衣库在中国门店总数383家，当年新开设40家；H&M 在中国门店总数270家，当年新开设34家；ZARA 在中国门店总数168家，当年新开设19家。2015年，优衣库多次掀起开店潮。五一期间，优衣库在全国八大城市10店同期开业；5月底，八大城市8家新店同期开业；8月29日，八大城市8家店同日开业。10月30日，H&M在香港开设亚洲最大旗舰店。未来，H&M计划在全球范围内以每年10%~15%的增长速度开设新店，中国市场是扩张重点。一些快时尚品牌为了继续抢夺市场，不断丰富品牌系列，新品牌陆续登陆中国市场。2014年3月，GAP旗下最大服饰品牌Old Navy的中国首家旗舰店在上海开业，截至目前共在全国6个城市开设10家门店。此外，一些新的快时尚品牌也开始进入中国。2014年2月，英国快时尚品牌NEW LOOK首度进入中国市场，位于北京、上海的2家门店同天开业。截至2015年9月底，NEW LOOK在中国门店数达到52家，近半年内净增33家。

第二，主要市场蔓延至二、三线城市。鉴于一线城市高昂的租金和人力成本，依赖大面积门店展示的快时尚品牌正在向西部地区的二、三线城市下沉。盈石集团研究中心数据显示，十大快时尚品牌门店已遍布全国102个城市。成都的门店总数达63家，排名全国第三，仅次于上海（151家）和北京（135家），武汉、重庆、杭州、苏州、沈阳、南京、西安等城市门店数均超过30家，充分反映了二、三线城市的潜力。2015年上半年十大快时尚新开门店中，二、三线城市的占比超过75%，57.1%的快时尚品牌把未来的主力扩张区域放在西部。

第三，加快布局全渠道模式。2014年，ZARA、C&A在天猫上线，GAP把网店开进了京东，而优衣库官网则首推虚拟试衣功能。无印良品2015年5月推出了手机APP，与线下消费者互动。截至目前，包括优衣库、无印良品、ZARA、GAP、forever 21、C&A、ASOS在内的全球九成快时尚品牌均已入驻天猫商城。2015年“双十一”活动中，优衣库销售额突破6亿元，夺得服饰类商家销售冠军，也是天猫男、女装品牌旗舰店双料冠军。迅销集团的姊妹品牌GU目前在日本本土9年发展覆盖300多家店铺。

（三）中高档自主品牌价格虚高导致中高端消费外流

长期以来，我国中高档服装自主品牌零售价格严重虚高，中档男女装品牌零售价与出厂价的倍率通常为5~6倍；中高档男女装品牌零售价倍率为7~8倍；高档男女装品牌零售价的倍率则达10倍甚至更高；而欧美市场仅为2.5~2.8倍。因此，作为原来以低人工成本著称的世界最大生产制造大国，中高档服装品牌的零售价格却远远高于欧美同档次品质的品牌零售价格，这一畸形的定价策略导致大量的境外消费。而国内商场频繁各种名目的打折促销，又严重扰乱了我国自主品牌正常的零售体系，也大大损害了自主品牌在消费者心目中的形象与信誉。

造成自主品牌服装价格严重虚高的原因主要有两个：一是商场扣点过高。十多年来高端百货为确立自身高端定位及形象，以优惠的条件吸引国际奢侈品牌入驻，有的甚至给国际大牌倒贴装修与零售额保底，这些高额费用往往转嫁到国内自主品牌身上，加之各种公关费用，还有强势商场的末位淘汰制，迫使部分品牌为避免被季度性或半年度淘汰出局，自己买单挣排名，以上种种因素导致终端流通费用占零售额高达40%以上；二是库存压力很大。许多中高档品牌都是由品牌直营，铺货库存已占据大笔资金，库存成本成为品牌企业最大的压力之一。诸多品牌企业期望借助提高产品价格，尽快回流资金，缓解库存成本压力。而网络购物的冲击，让百货商场往往将降价的损失转嫁给品牌企业，加大了品牌运营压力。

第三章　中国纺织行业品牌建设的发展方向与重点

中国纺织服装品牌的发展，需要以《中共中央关于制定国民经济和社会发展第十三个五年规划的建议》提出的“开展质量品牌提升行动，不断推进科技创新、文化创新，实施智能制造工程，实施‘互联网+’行动计划，加快建设人才强国”为行动指南，贯彻落实《中国制造2025》提出的“引导企业制定品牌管理体系，围绕研发创新、生产制造、质量管理和营销服务全过程，提升内在素质，夯实品牌发展基础。打造一批特色鲜明、竞争力强、市场信誉好的产业集群区域品牌。建设品牌文化，引导企业增强以质量和信誉为核心的品牌意识，树立品牌消费理念，提升品牌附加值和软实力。加速我国品牌价值评价国际化进程，加大中国品牌宣传推广力度，树立中国制造品牌良好形象”的目标任务，围绕《建设纺织强国纲要（2011-2020年）》提出的具体要求，坚持创新驱动，以加快品牌建设推动纺织全行业转型升级，从技术研发、创意设计、品牌管理、渠道建设、宣传推广等关键环节入手，注重品牌文化软实力建设，借助产业基金、品牌并购、互联网金融等手段，充分运用信息化手段，大力发挥互联网快速发展的推动作用，加大力度整合国际优势资源，协同推动区域品牌建设，注重区域品牌与企业品牌建设融合发展，提升中国纺织服装品牌价值，提升中国品牌的国际竞争力。

一、发挥各方联动作用，优化品牌发展环境

从支持创新创意发展、减轻税收负担、改善市场环境、加强知识产权保护、扩大融资渠道等方面着手，完善财税、金融等相关支持政策措施，形成政策合力，营造支持自主品牌可持续发展的良好环境。

将设计创意强的纺织服装品牌企业列入文化创意产业范畴，将研发水平高的品牌企业列入高新技术企业范畴，享受税收和研发支出超额抵扣等政策优惠；推动商业模式创新，降低流通环节费用，改善品牌生存发展的商业环境；协调设立国家级质检公共信息平台，减少重复检验，解决检验标准不统一等问题；发挥会商机制作用，避免不同部门开展类似工作、设立雷同奖项，做好相关领域的工作协调，如中国质量协会的“全国质量奖”和国家质检总局的“中国质量奖”，国家质检总局开展的“品牌价值评价”和《中国工业报》开展的“工业企业竞争力评价”活动；促进品牌价值评价和金融机构对接，缓解品牌企业

融资难、融资贵现状；缩短外观专利审批周期，保护品牌产品原创设计。

二、提高品牌培育能力，有效提升品牌价值

提升行业企业品牌培育能力。在全行业推动品牌培育管理体系及关键环节建设，培养品牌企业中高级设计创新、工艺技术、营销管理等人才队伍，促进产业链上下游品牌协调发展，开展品牌价值评价和发布工作，与品牌培育管理体系的推行工作相结合，从而提升品牌价值。利用快速发展的互联网平台，提升生产、设计、研发、渠道、物流等品牌培育的各个环节建设水平。

引导品牌企业重视提升自身可持续创新能力，包括设计创新、技术创新、管理创新与渠道创新等。

三、注重整体宣传推广，提升自主品牌形象

集聚商务、文化、宣传等各方资源，通过电视、广播、互联网等主流媒体，有计划分步骤地加强自主品牌宣传推广，首先是加深国内消费者对我国纺织服装行业实际发展水平与技术进步的了解，增强民族自信心，提高消费者对自主品牌的信任度与忠诚度。

多方位宣传推广我国自主品牌企业的品牌建设成果，挖掘典型示范品牌发展故事，借助多种有影响力的媒体渠道，宣传推广中国纺织服装行业及品牌建设的整体形象，提高中国自主品牌在国内、国际的美誉度和影响力。

四、发挥创意推动作用，推动区域品牌发展

以中国纺织工业联合会认定的区域品牌试点地区与产业特色集群试点地区为重点，持续开展纺织行业区域品牌建设工程，根据区域品牌发展状况与目标，发挥优势品牌企业作用，拉动区域品牌中小企业协同发展，进一步推动区域品牌建设。

由工业和信息化部牵头，组织纺织行业产业集群和区域品牌地区，持续开展“产业集群区域品牌建设试点示范工作”建设，发挥政府、行业组织、专业机构和广大企业主体的合力作用，统筹策划组织、协调政策资源、部署品牌建设，加快培育一批知名度高、美誉度好、竞争力强、附加值高的区域品牌，开展区域品牌策划和设计，建立品牌相关评价制度，打造营销和宣传平台，树立一批取得经验和成果的区域品牌建设示范区，发挥示范带动效应，到2020年，在全国纺织行业建设10~15个“区域品牌培育示范区”。

五、整合多方优势资源，加快推进品牌国际化

拓展海外渠道，推动自主品牌国际化。加强对国际市场细化区域的研究，分区域制定品牌国际化拓展市场的路线图，整合国际设计人才资源，开展国际营销渠道，通过国际品牌并购或品牌合作拓宽品牌国际化途径。支持高端定位的原创设计师或设计型品牌参加国际主流时尚展览，提升中国创造或中国设计的国际影响力与美誉度。邀请国际高端百货或多品牌精品店买手，推动中国高端原创设计型品牌与精品品牌逐步进入

国际高端零售网络渠道，引导并组织更多的有性价比优势的自主品牌抱团进入海外市场。进一步扩大中国国际时装展、中国国际家纺展、中国国际时装周等知名展会的国际影响力。

推动海外工程项目，加强企业品牌国际化。加强产品质量和企业创新，着力打造企业和产品品牌，结合国家“一路一带”重要部署，逐步推进国内产业用纺织品企业在医疗卫生用纺织品、土工用纺织品、建筑用纺织品、结构增强材料、绳带缆等领域的品牌塑造和国际输出。

针对国际市场不同国家与地区的经济人文背景，选择各自不同恰当有效的宣传推广手段与市场拓展措施，整合国际设计人才资源研发适销对路的品牌产品系列，通过与已有国际细分市场的营销渠道合作逐步渗透到各区域市场，通过国际品牌并购或品牌合作扩大品牌国际化途径。

附件一　2015年中国服装家纺自主品牌调查报告

一、总体情况

（一）调查工作概况

2015年8月11日，工业和信息化部印发《关于开展2015年服装家纺自主品牌建设调查工作的通知》（工信厅消费函［2015］559号），以2014年12月工业和信息化部与中国纺织工业联合会共同发布的120家“重点跟踪培育的服装家纺自主品牌企业”为对象，调查统计2014年、2015上半年品牌建设情况，包括规模与利润、广告与研发投入、线上线下销售情况、自主品牌出口等12项指标。

本次调查工作由相关省市工业主管部门分别组织本地区重点跟踪培育品牌企业，通过中国纺织服装品牌网（www.texbrand.org.cn）网上填报系统进行填报，填写《2015年服装家纺自主品牌建设情况调查表》，并提交工业主管部门审核，审核后报工业和信息化部。工业和信息化部委托中国纺织工业联合会品牌工作办公室对调查数据进行初审，初审通过后由工业和信息化部进行审核，通过审核的企业作为本调查报告的样本企业。

（二）样本企业情况

本次调查工作共106家企业上报数据资料，经工业和信息化部、中国纺织工业联合会审核，101家为重点跟踪品牌企业且数据资料符合上报要求。其中，服装企业70家，家纺企业31家，年轻品牌和成熟品牌居多[1]，生产渠道并重型及生产型企业占多数，东部地区企业居多。

1. 品牌类型

从企业品牌分类来看，以生产型企业和生产渠道并重型企业居多。101家样本企业中，生产渠道并重型企业61家，生产型企业32家，设计师品牌企业5家，渠道型企业3家（附图1）。

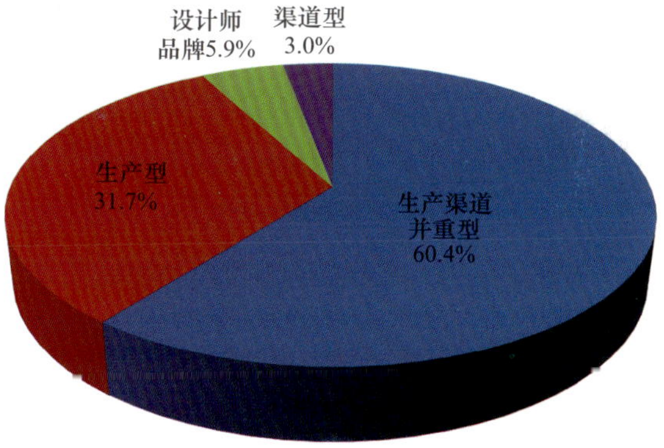

附图1　样本企业品牌类型

2. 企业规模

101家样本企业2014年的主营业务收入合计为2121.6亿元，平均21亿元，其中，服装企业主营业务收入平均25.2亿元，家纺企业平均11.5亿元（附表1）。

---

[1] 本次调查分析规定，品牌年龄在5年以下的品牌为新生品牌，5～10年的为成长型品牌，10～20年的为年轻品牌，20年以上的为成熟品牌。

附表1　2014年样本企业规模分区间比较情况

规模	服装	家纺	合计	占比
100亿元以上	4	0	4	3.96%
50亿~100亿元	4	1	5	4.95%
20亿~50亿元	17	3	20	19.80%
10亿~20亿元	9	8	17	16.83%
10亿元以下	36	19	55	54.46%

3. 品牌年龄

从商标注册情况来看，101家样本企业平均品牌年龄[1]为18.3年，六成以上企业平均品牌年龄在15年以上，20年以上的品牌企业34家，具体情况如附图2所示。

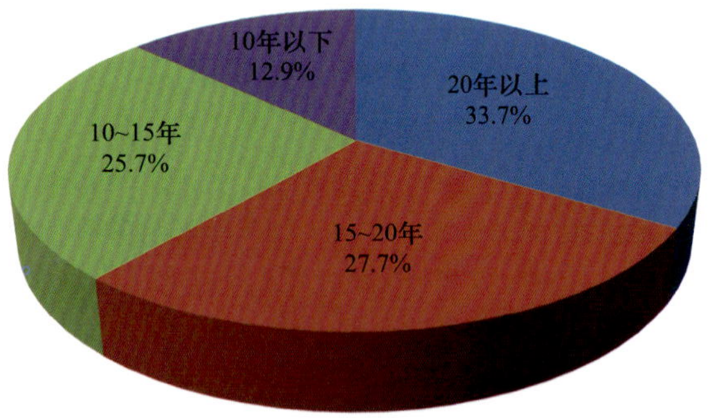

附图2　样本企业自主品牌年龄分布

4. 地区分布

从地区分布来看，品牌企业多集中于东部地区。东部、中部、西部三个地区样本企业分别为79家、16家和5家，比重情况如附图3所示。

从省份分布来看，江苏省样本企业数最多，占全国的16.8%，浙江、北京、宁波、上海、山东次之，五省样本企业数共占67.3%（附表2、附图4）。

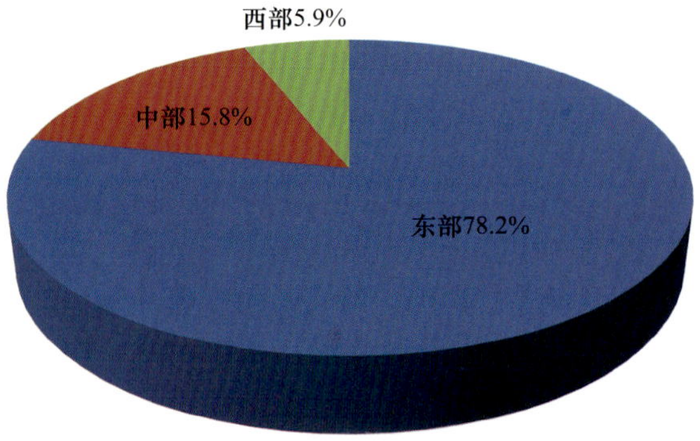

附图3　样本企业地区分布

附表2　样本企业省市分布情况

省市	企业数（家）	省市	企业数（家）
江苏省	17	安徽省	3
浙江省	15	广东省	2
北京市	11	河南省	2
宁波	9	内蒙古	2
上海市	8	青岛	1
山东省	8	陕西省	1
福建省	4	大连	1
湖南省	4	四川省	1
江西省	3	青海省	1
湖北省	3	吉林省	1
深圳	3	宁夏	1
合计		101	

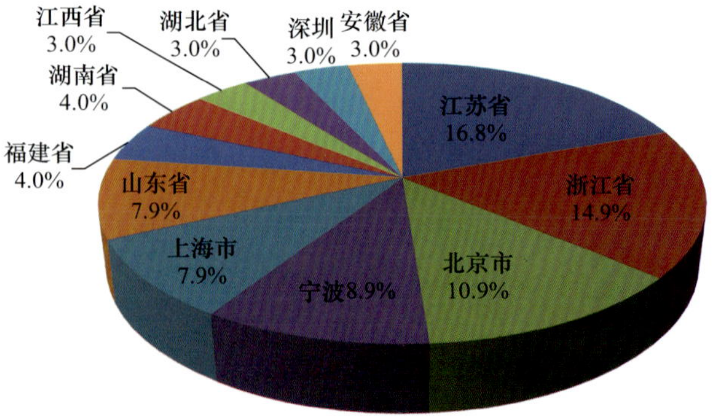

附图4　样本企业省市分布

[1] 本报告中品牌年龄，指该品牌商标注册时间，即商标注册日起至2015年6月底。

二、品牌运营情况

（一）规模和盈利

1. 职工总数

2014年，样本企业职工总人数为33.2万人，户均3290人，与上年基本持平。2015上半年样本企业职工户均人数为3240人，25.7%的样本企业职工总数超过3000人。

2. 主营业务收入

主营业务收入略有增长，部分企业增长快速，如郑州云顶、青岛红领增速超过80%，深圳叶子、江南布衣、太平鸟、江苏阿仕顿、山东江辰、龙岩喜鹊增速超过20%。样本企业2014年主营业务收入平均21亿元，同比增长5.07%，2015上半年主营业务收入平均9.78亿元，同比增长3.25%。

不同运营模式的品牌企业平均主营业务收入呈现较大差异，2014年渠道型企业增速较快，为25%，生产型、设计师品牌和生产渠道并重型涨幅相近；2015上半年渠道型和生产渠道并重企业增长较快，设计师品牌企业有升有降，个别企业下降明显（附图5）。

按品牌年龄看，20年以上的成熟品牌企业增速相对稳定，2014年与2015年上半年分别为3.1%和3.7%，10年以下的品牌企业较有活力，增速相对较快（附图6）。

按地区分类看，东部地区品牌企业竞争优势明显，销售情况持续良好，总体形势是东部好于中西部（附图7）。

3. 利润总额

2014年，自主品牌企业利润略有提升。2014年样本企业利润总额为201.8亿元，户均利润总额为2亿元，同比增长2.02%，利润率9.51%同比下降0.29%。其中，服装品牌企业利润总额户均2.58亿元利润率10.2%，家纺企业户均6920.5万元利润率6.02%。从利润率区间分布来看，9.9%的企业利润率高于20%，六成以上的企业利润率在10%以内，2015上半年数据与2014年基本持平（附图8）。

从运营模式看，渠道型品牌利润高，增长快，设计师品牌利润较低，且2014年出现负增长，同比回落16.7%。2014年，除设计师品牌，其余三个类型品牌企业的平均利润均高于2亿元（附图9）。

从品牌年龄看，15~20年的企业盈利情况较

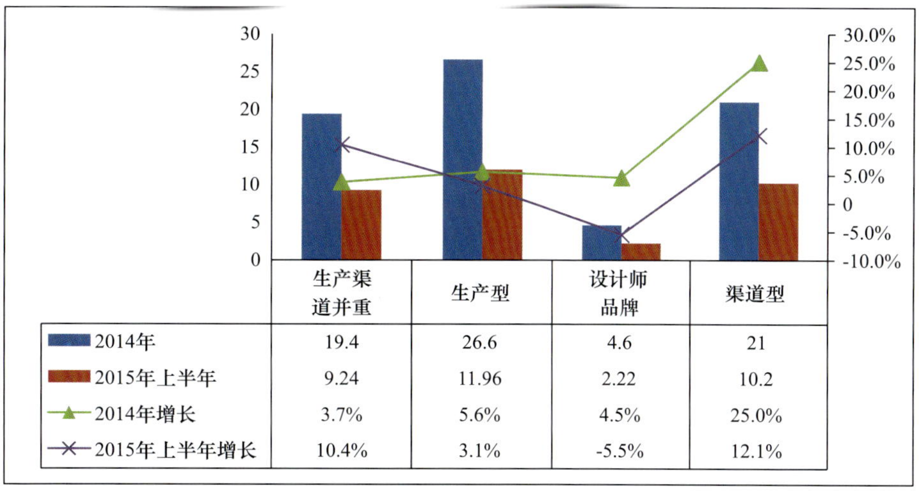

	生产渠道并重	生产型	设计师品牌	渠道型
2014年	19.4	26.6	4.6	21
2015年上半年	9.24	11.96	2.22	10.2
2014年增长	3.7%	5.6%	4.5%	25.0%
2015年上半年增长	10.4%	3.1%	-5.5%	12.1%

附图5　样本企业主营业务收入按运营模式比较（单位：亿元）

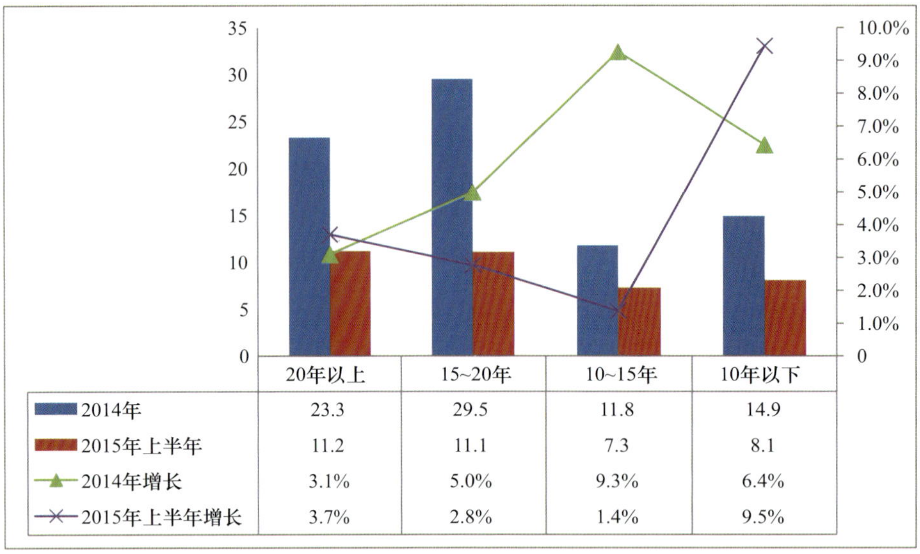

	20年以上	15~20年	10~15年	10年以下
2014年	23.3	29.5	11.8	14.9
2015年上半年	11.2	11.1	7.3	8.1
2014年增长	3.1%	5.0%	9.3%	6.4%
2015年上半年增长	3.7%	2.8%	1.4%	9.5%

附图6　样本企业主营业务收入按品牌年龄比较（单位：亿元）

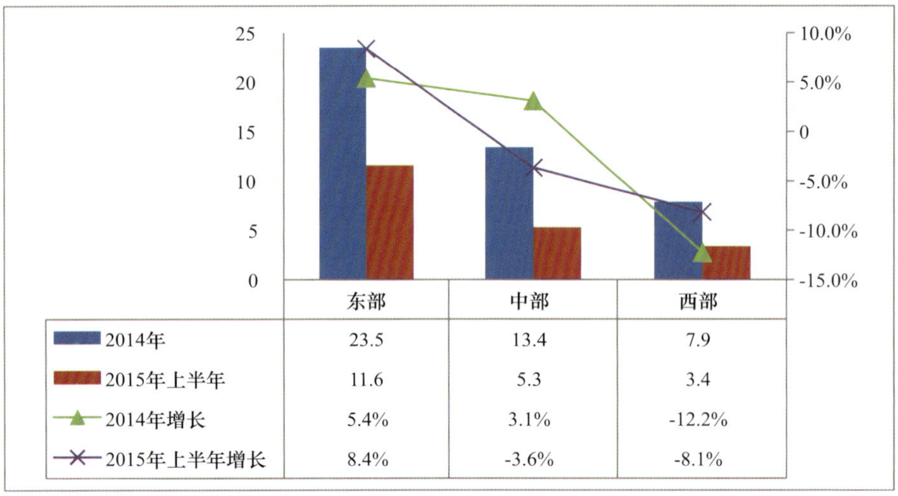

	东部	中部	西部
2014年	23.5	13.4	7.9
2015年上半年	11.6	5.3	3.4
2014年增长	5.4%	3.1%	-12.2%
2015年上半年增长	8.4%	-3.6%	-8.1%

附图7　样本企业主营业务收入按地区比较（单位：亿元）

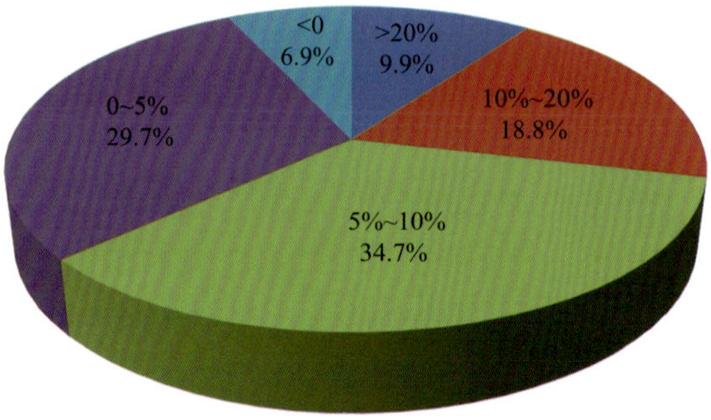

附图8　2015上半年样本企业利润率区间分布

好，10年以下的品牌企业增速平稳，增长在10%左右。2014年，10~15年的企业利润增长较快，同比为20.6%（附图10）。

从地区看，盈利能力依次为东部、中部、西部。东部地区持续增长，西部地区出现连续负增长，且降幅在50%以上（附图11）。

（二）广告与研发投入

1. 广告费用投入

2014年样本企业户均广告投入额2604万元，同比增长2.49%，约五成企业投入强度超过1%，其中，服装企业户均广告费用投入额3065.7万元，同比增长2.77%，家纺企业户均广告费用投入额1562万元，同比增长1.3%；2015上半年企业户均广告投入额1183万元，同比下降8.45%。

从运营模式看，渠道型品牌企业广告投入额高且投入强度大，设计师品牌投入额小，但投入强度大，生产型企业投入强度较低（附图12）。

按品牌年龄看，15~20年的品牌企业投入额较高，10~15年的品牌企业广告投入强度较大，

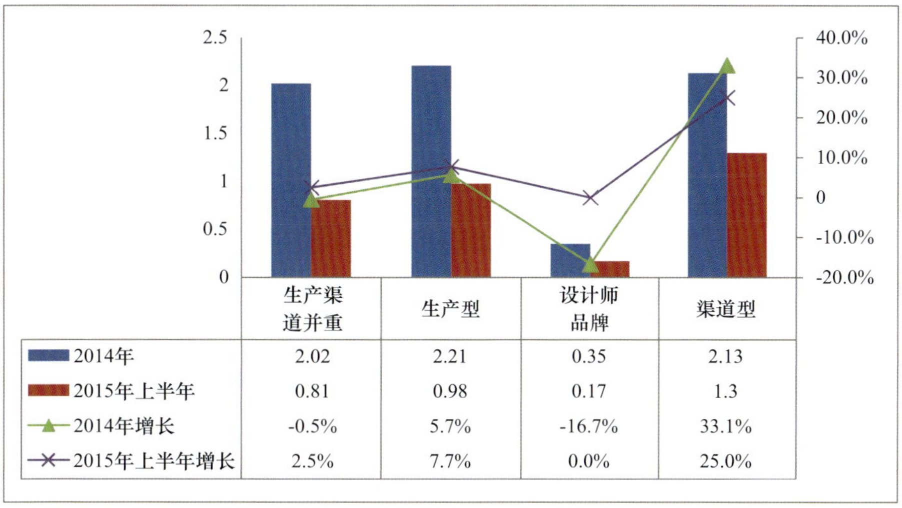

附图9　样本企业利润按运营模式比较（单位：亿元）

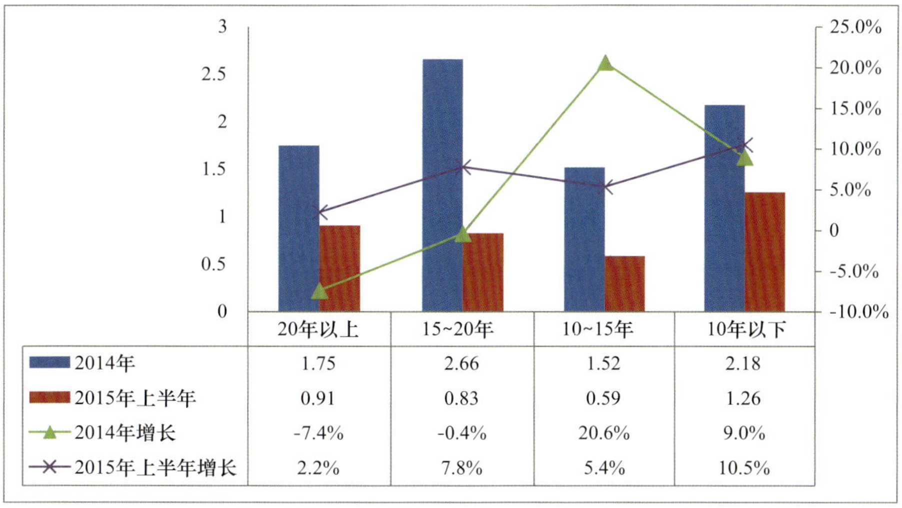

附图10　样本企业利润按品牌年龄比较（单位：亿元）

10年以下的成长型和新生品牌广告投入低且投入强度小（附图13）。

分地区看，由于东部地区企业规模大，投入额相应较高，西部地区对于广告投入较为重视，投入强度依次是西部、中部、东部（附图14）。

2. 研发设计投入

2014年，样本企业户均研发设计投入额5111.3万元，同比增长6.73%，研发投入强度2.43%，其中，服装企业户均投入额6055.9万元，同比增长6.12%，家纺企业户均投入额2978.2万元，同比增长9.59%；2015上半年样本企业户均研发设计投入2300万元，同比增长2.98%，户均研发投入强度2%~3.5%。

研发设计投入水平相差明显，近七成企业研发设计投入强度高于1%，7.9%的企业该比重高于5%（附图15）。

从品牌运营模式看，不同运营模式品牌间研发设计投入水平相差较为明显，由于设计师

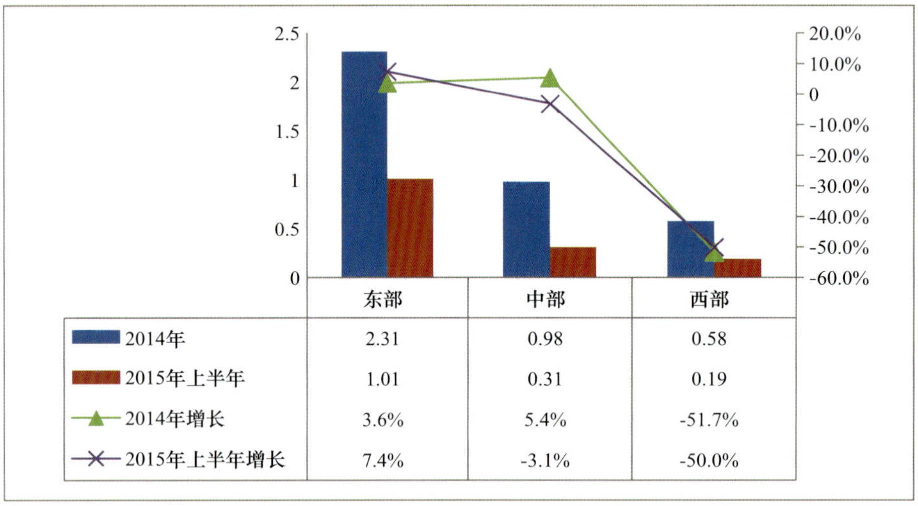

	东部	中部	西部
2014年	2.31	0.98	0.58
2015年上半年	1.01	0.31	0.19
2014年增长	3.6%	5.4%	-51.7%
2015年上半年增长	7.4%	-3.1%	-50.0%

附图11　样本企业利润按地区比较（单位：亿元）

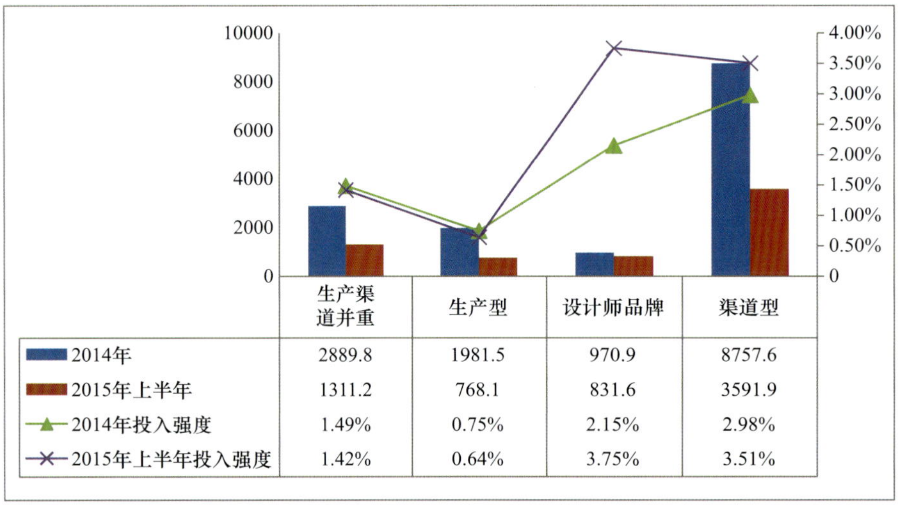

	生产渠道并重	生产型	设计师品牌	渠道型
2014年	2889.8	1981.5	970.9	8757.6
2015年上半年	1311.2	768.1	831.6	3591.9
2014年投入强度	1.49%	0.75%	2.15%	2.98%
2015年上半年投入强度	1.42%	0.64%	3.75%	3.51%

附图12　样本企业平均广告投入按运营模式比较（单位：万元）

品牌企业规模小，所以研发设计投入额低，但投入强度明显较大，渠道型企业投入强度较低（附图16）。

从地区来看，西部地区对研发投入最为重视，投入额较高，投入强度明显大于其他两个地区，东部和中部地区研发投入强度基本持平，均在2.25%~2.58%（附图17）。

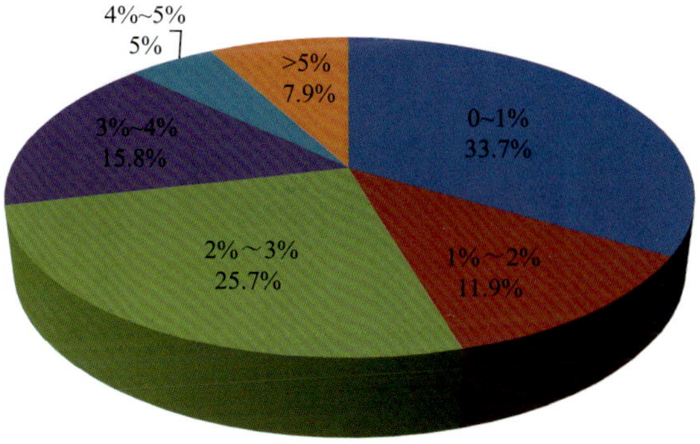

附图15　2014年样本企业设计研发投入强度区间分布

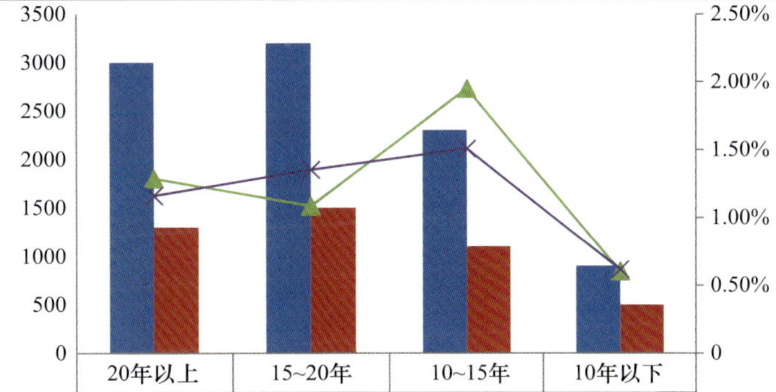

	20年以上	15~20年	10~15年	10年以下
2014年	3009.1	3161	2348.2	858
2015年上半年	1253.7	1466.8	1123.2	507.5
2014年投入强度	1.29%	1.07%	1.98%	0.58%
2015年上半年投入强度	1.11%	1.32%	1.53%	0.63%

附图13　样本企业平均广告投入按品牌年龄比较（单位：万元）

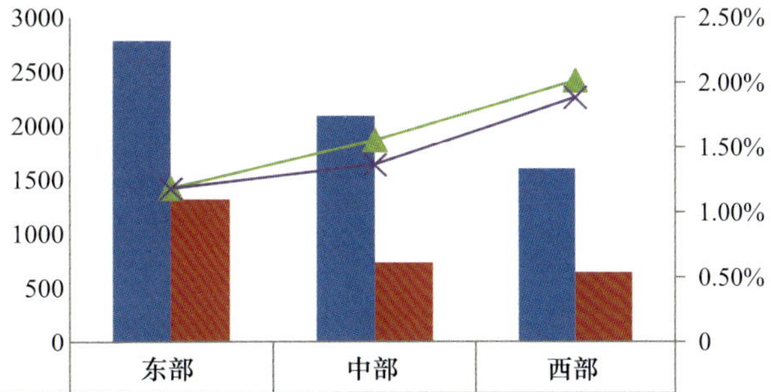

	东部	中部	西部
2014年	2784.6	2089.7	1600.5
2015年上半年	1317.3	733.4	645.2
2014年投入强度	1.18%	1.55%	2.01%
2015年上半年投入强度	1.18%	1.37%	1.88%

附图14　样本企业平均广告投入按地区比较（单位：万元）

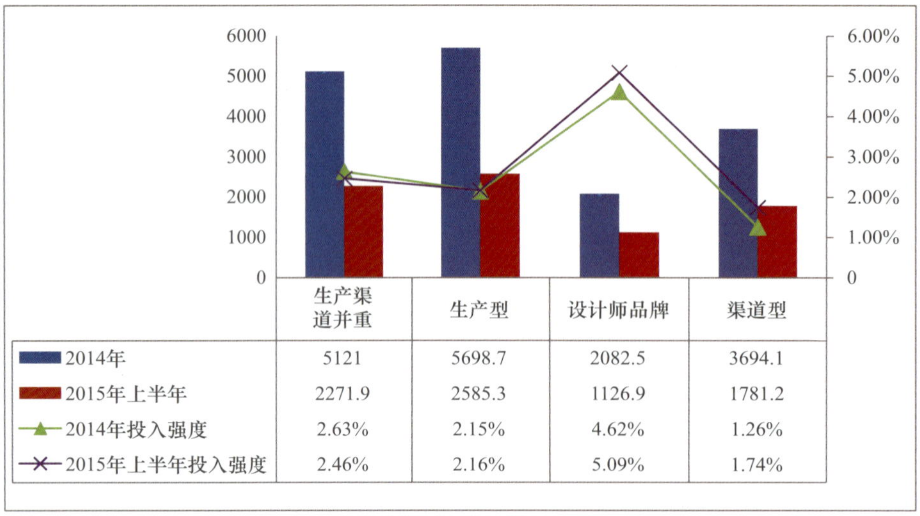

附图16　样本企业平均研发投入按运营模式比较（单位：万元）

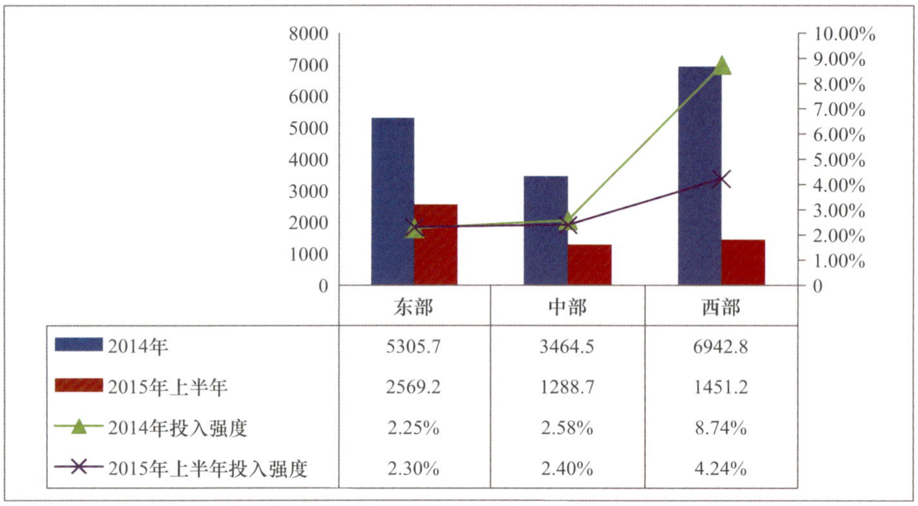

附图17　样本企业平均研发投入按地区比较（单位：万元）

附表3　2014年样本企业不同模式平均销售额分布

分类		销售额（亿元）	同比增减	比重	同比增减（百分点）
国内市场	直营店	6.36	8.79%	36.9%	1.1
	非直营店	9.16	−0.80%	53.2%	−3.4
	网上销售	1.17	51.0%	6.8%	2.1
	小计	16.69	5.26%	96.9%	−0.3
国外市场	直营店	0.53	14.8%	3.1%	0.3
合计		17.21	5.53%	100.0%	−0.2

注：此次调查，网上销售额全部归属国内市场统计。

附表4　营销网点数量比较

营销网点	2015年上半年	2014年上半年	同比增长	2014年	2013年	同比增长
总数	1939	1927	0.6%	1947	1766	10.2%
其中：直营店	341	340	0.3%	362	354	2.3%
非直营店	1598	1587	0.7%	1585	1412	12.3%

（三）营销网络建设

品牌营销模式日趋多样化。本次调研包括直营店、非直营店、网上销售、出口四种方式，涵盖国内外市场。国内市场仍然是当前品牌企业的主战场，2014年，样本企业96.9%的销售额来自国内市场；非直营店仍是最主要销售模式，53.2%的销售额来自非直营店，2015上半年销售额分布情况与2014年基本相同（附表3、附图18）。

1. 营销网点数量

（1）总体情况。

营销网点数量明显增长。2014年，样本企业户均营销网点数为1947个，同比增长12.5%。23.8%的企业营销网点数超过2000家，2015上半年营销网点数量与2014年无明显变化，以下分析均以2014年数据为样本（附图19）。

（2）不同营销模式比较。

非直营店仍然是企业最主要的销售渠道。2015上半年，样本企业户均拥有341个直营店，占营销网点数的17.6%；非直营店1598个，占营销网点数的82.4%（附表4）。

样本企业中，有直营店的共92家企业（占比91.1%），其中18家有国外直营店，有国内非直营店的企业共89家（占比88.1%），直营和非直营两种销售模式都有的企业共85家（占比84.2%）。

2. 营销网络覆盖省份数

按品牌营销网点布局划分，网点覆盖全国30个（含30）以上省、市、自治区的为全国性品牌，30个以下的为区域性品牌。目前，39.6%的品牌为全国性品牌。2014年，样本企业营销网络户均覆盖24个省份，与2013年持平（附表5）。

附表5　2014年样本企业营销网络覆盖省份数分布

盖省份数	企业家数	占比
30个以上	40	39.6%
20~29个	33	32.7%
10~19个	21	20.8%
10个以下	7	6.9%

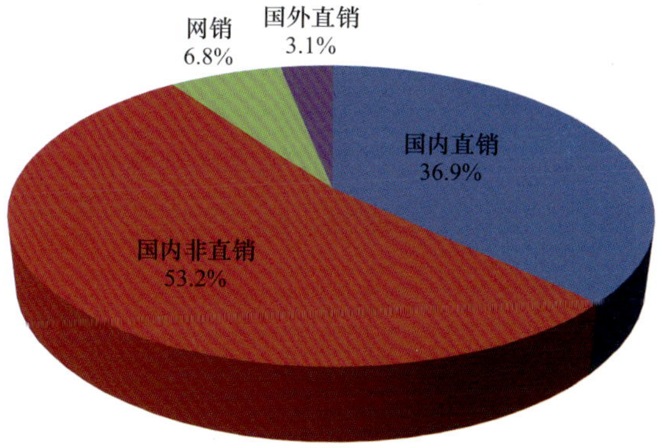

附图18　2014年样本企业不同模式销售额分布

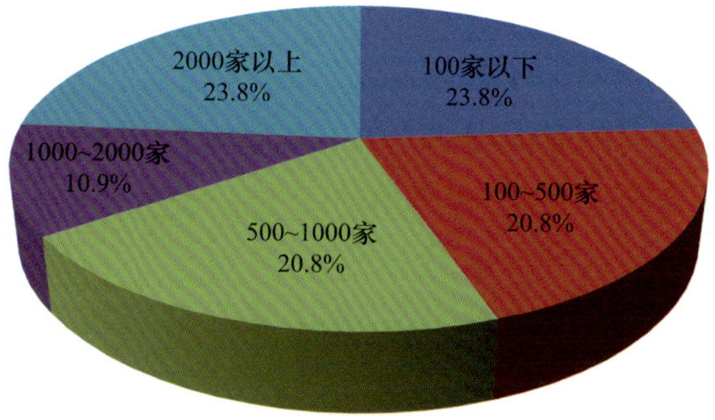

附图19　2014年样本企业营销网点数量分布

从品牌类型来看，渠道型和生产渠道并重型品牌营销网点数量明显较多，生产型品牌网点数增长较快（附图20）。

从品牌年龄来看，10年以下的品牌营销网点数量增长明显，同比增长5.73%，10~15年的品牌营销网点数呈现负增长，同比下降1.93%（附图21）。

3. 网点销售情况

101家样本企业中，92家企业有直营店，其中3家数据填报不全；89家企业有非直营店销售。在下文的直营店和非直营店销售情况分析比较时，以82家兼有直营和非直营店销售且填报完整的样本企业作为分析对象。

直营店单店平均销售额、产品平均单价均高于非直营店，2014年直营店单店平均销售额同比增长8.2%，而非直营店同比下滑15.0%，2015上半年直营店与非直营店该数据增长平稳（附表6）。

近四成企业销售产品单价在100~499元/件（套）之间，半数品牌产品平均单价集中在100~1000元/件（套）。2014年直营店产品平均单价超过2000元/件（套）的有8家品牌企业，非直营店这一数据为6家；近半数直营店产品单价有所上调，2015上半年数据与2014年基本一致（附表7）。

（四）网上销售

样本企业中，2014年，90家企业有网上销售业绩，占89.1%，其中，2家企业数据填报不

附表6　样本企业直营店和非直营店销售情况比较

指标		单店平均销售额（万元）	同比增长	产品平均单价（元/件套）	同比增长
直营店	2014年	191.7	8.2%	764.2	2.9%
	2015上半年	85.1	2.5%	752.8	1.8%
非直营店	2014年	56.2	-15.0%	684.9	3.7%
	2015上半年	25.1	3.3%	682.0	2.9%

附表7　2014年样本企业直营店和非直营店产品单价分布

产品单价区间	直营店		非直营店	
	企业家数比重	同比增减（百分点）	企业家数比重	同比增减（百分点）
2000元/件套以上	9.8%	14	8.5%	17
1000~1999元/件套	18.3%	-6	15.9%	-7
500~999元/件套	19.5%	23	23.2%	19
100~499元/件套	39.0%	-11	36.6%	-9
100元/件套以下	13.4%	10	15.9%	持平

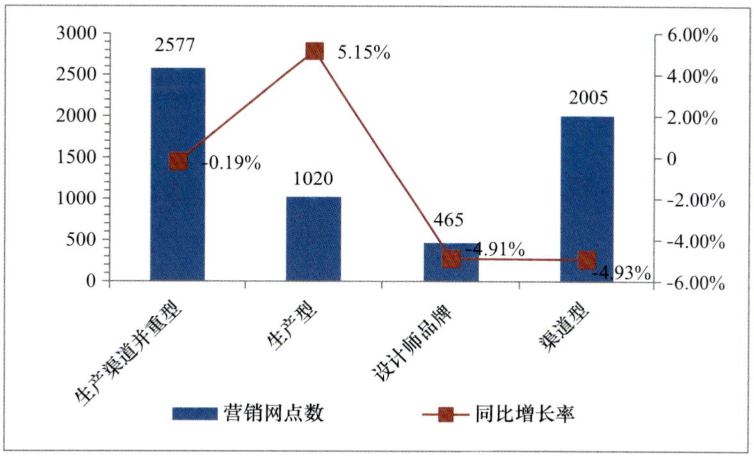

附图20 2014年样本企业营销网点数均值按运营模式比较

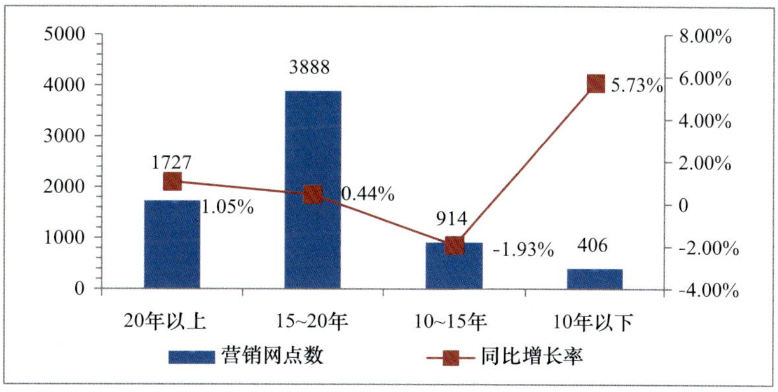

附图21 2014年样本企业营销网点数均值按品牌年龄比较

全，其余88家企业的销售总额为108.9亿元，同比增长44.4%，占88家有网销企业主营业务收入总额（约2050亿元）的5.3%。88家企业中服装企业61家，销售总额90.2亿元，同比增长53.9%；家纺企业27家，销售总额27.5亿元，同比增长29.7%。2015上半年网销总额为57.1亿元，同比增长29.2%。

网上销售已成为一种趋势，销售业绩持续增长。2014年，32家企业网上销售额在1亿元以上，2015上半年已有18家企业销售额过亿，2014年网上销售占企业销售额比重超过20%的企业有6家，2015上半年为11家，五成以上企业网销比重在5%以上（附图22）。

从品牌年龄看，2014年不同年龄企业的增长率普遍好于2015上半年，20年以上的成熟品牌企业网络销售额相对稳定，10~15年的年轻品牌网上销售增长率相对较高（附图23）。

（五）自主品牌产品出口

自主品牌产品出口集中度较高。2014年，42.6%（43家）的样本企业有自主品牌产品出口业绩，其中，服装企业24家，家纺企业19家，三成以上的企业出口产品全部为自主品牌产品（附图24）。另外，考虑到部分企业难以统计自主品

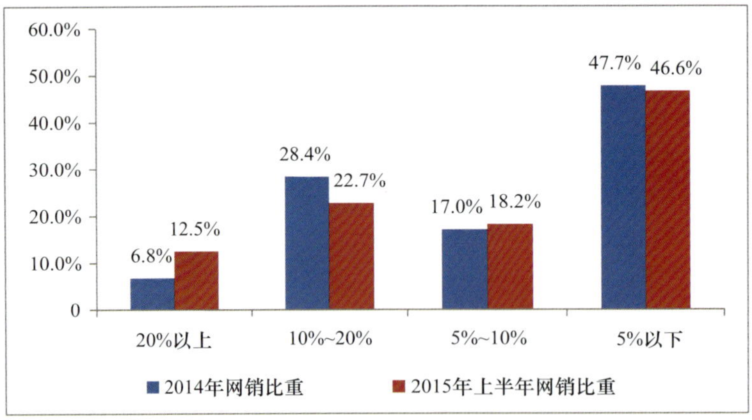

附图22　有网销样本企业网销比重分布

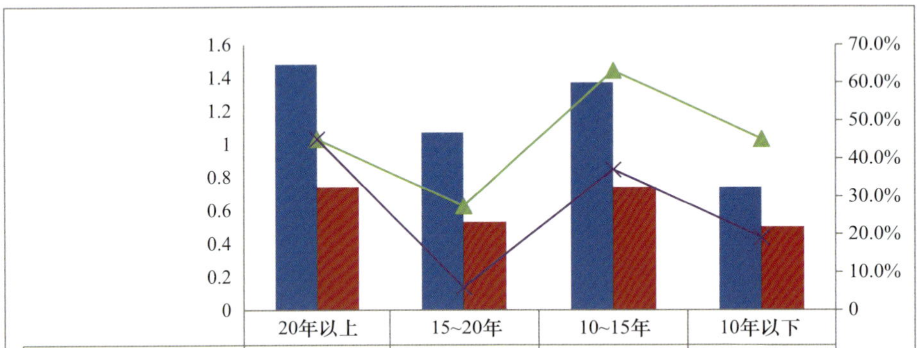

	20年以上	15~20年	10~15年	10年以下
2014年	1.48	1.07	1.37	0.74
2015年上半年	0.74	0.53	0.74	0.5
2014年增长	45.1%	27.4%	63.1%	45.1%
2015年上半年增长	45.1%	6.0%	37.0%	19.0%

附图23　有网销样本企业网上销售额按品牌年龄比较（单位：亿元）

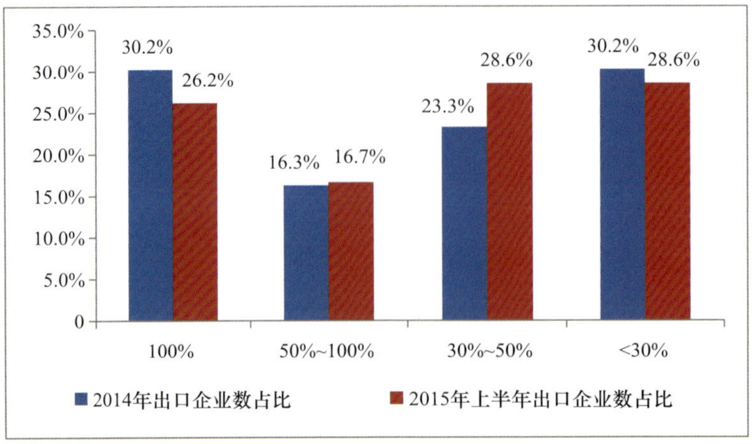

附图24　有自主品牌出口的样本企业占比不同区间分布

牌产品出口数据，填报的是所有产品出口数据，这一情况使自主品牌产品平均出口单价统计结果偏低。

从品牌年龄来看，15年以上的品牌企业自主品牌出口占比相对较高，10年以下品牌企业占比较低（附图25）。

三、结果概述

从本次调查来看，样本企业整体发展势头稳中有增，主要指标呈增长态势，但增幅略有回落。2014年，户均主营业务收入增长5.07%，户均利润率9.51%，明显高于纺织全行业（5.45%），广告费用投入强度1.24%，户均研发投入强度2.43%；2015上半年，户均主营业务收入增长3.25%，户均利润率8.68%，同比增长0.17个百分点，广告费用投入强度1.21%，户均研发投入强度2.35%。

品牌运营模式呈现多样化特征，生产渠道并重型企业占六成，生产型企业占三成，渠道型和设计师品牌正在逐步发展。渠道型品牌销售增长较快，设计师品牌正处在成长期，市场规模偏小，但发展趋势趋好。

营销模式发生改变，非直营店仍然是品牌分销的主要渠道模式，而直营店的比例和绩效逐步提升；网上销售快速增长，销售额增速明显高于实体店；品牌加快国际化步伐，国外市场销售网点增加，部分成熟品牌加快国外市场布局；自主品牌出口略有增长。

关于企业填报数据情况的补充说明：

（1）部分企业由于难以准确掌握国内非直营店和国外直营店销售情况，数据填报欠完整性和准确性。

（2）部分企业无自主品牌产品出口数据，填报时使用的是全部产品出口数据或估值，对样本企业数据的准确性有一定影响。

（3）部分企业对一些指标的统计方法不同，对报告结果的准确性有一定影响。

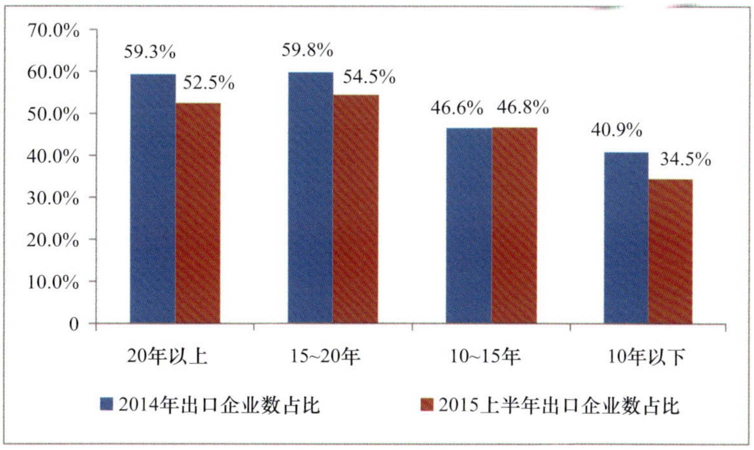

附图25　有自主品牌出口的样本企业出口占比按品牌年龄比较

附1：

2015年服装家纺自主品牌建设情况调查表

<table>
<tr><td>企业全称</td><td colspan="3"></td><td colspan="3">是否为重点跟踪培育品牌企业</td><td>□是　□否</td></tr>
<tr><td>品牌分类</td><td colspan="7">□生产型　□渠道型　□生产渠道并重型　□设计师品牌</td></tr>
<tr><td>主营产品
（可多选）</td><td colspan="7">□男装　□女装　□童装　□运动休闲装　□内衣　□配饰
□床上用品　□毛巾系列　□窗帘布艺　□其他家纺产品</td></tr>
<tr><td>行业(可多选)</td><td colspan="2">□服装　□家纺
□羊绒　□针织</td><td>注册地</td><td colspan="4">省　市</td></tr>
<tr><td rowspan="3">联系人</td><td>姓名</td><td></td><td>职务</td><td colspan="4"></td></tr>
<tr><td>电话</td><td></td><td>手机</td><td colspan="4"></td></tr>
<tr><td>传真</td><td></td><td>电子邮件</td><td colspan="4"></td></tr>
<tr><td colspan="3">指标</td><td>单位</td><td>2014年</td><td>同比（%）</td><td>2015上半年</td><td>同比（%）</td></tr>
<tr><td colspan="3">1.职工总数</td><td>人</td><td></td><td></td><td></td><td></td></tr>
<tr><td colspan="3">2.主营业务收入（纺织服装）</td><td>万元</td><td></td><td></td><td></td><td></td></tr>
<tr><td colspan="3">3.利润总额（纺织服装）</td><td>万元</td><td></td><td></td><td></td><td></td></tr>
<tr><td colspan="3">4.广告费用投入额</td><td>万元</td><td></td><td></td><td></td><td></td></tr>
<tr><td colspan="3">5.研发设计投入额</td><td>万元</td><td></td><td></td><td></td><td></td></tr>
<tr><td colspan="3">6.营销网点数量
（国内外直营和非直营店面总数）</td><td>个</td><td></td><td></td><td></td><td></td></tr>
<tr><td colspan="3">7.营销网络覆盖省份数（国内市场）</td><td>个</td><td></td><td></td><td></td><td></td></tr>
<tr><td rowspan="3">8.直营店情况
（国内市场）</td><td colspan="2">店面数</td><td>家</td><td></td><td></td><td></td><td></td></tr>
<tr><td colspan="2">销售总额</td><td>万元</td><td></td><td></td><td></td><td></td></tr>
<tr><td colspan="2">产品平均单价</td><td>元/件（套）</td><td></td><td></td><td></td><td></td></tr>
<tr><td rowspan="3">9.非直营店情况
（国内市场）</td><td colspan="2">店面数</td><td>家</td><td></td><td></td><td></td><td></td></tr>
<tr><td colspan="2">销售总额</td><td>万元</td><td></td><td></td><td></td><td></td></tr>
<tr><td colspan="2">产品平均单价</td><td>元/件（套）</td><td></td><td></td><td></td><td></td></tr>
<tr><td rowspan="3">10.直营店情况
（国外市场）</td><td colspan="2">店面数</td><td>家</td><td></td><td></td><td></td><td></td></tr>
<tr><td colspan="2">销售总额</td><td>万元</td><td></td><td></td><td></td><td></td></tr>
<tr><td colspan="2">产品平均单价</td><td>元/件（套）</td><td></td><td></td><td></td><td></td></tr>
<tr><td colspan="3">11.网络渠道销售额</td><td>万元</td><td></td><td></td><td></td><td></td></tr>
<tr><td colspan="3">12.自主品牌产品出口比重</td><td>%</td><td></td><td></td><td></td><td></td></tr>
</table>

附2：

“2015年中国服装家纺自主品牌建设调查”企业名单

（按拼音排序）

北京市	北京爱慕内衣有限公司
	北京白领时装有限公司
	北京派克兰帝有限责任公司
	北京赛斯特新世纪服装有限公司
	北京顺美服装股份有限公司
	北京铜牛集团有限公司
	北京威克多制衣中心
	朗姿股份有限公司
	李宁（中国）体育用品有限公司
	探路者控股集团股份有限公司
	依文服饰股份有限公司
内蒙古自治区	内蒙古鄂尔多斯资源股份有限公司
	内蒙古鹿王羊绒有限公司
大连市	大连东立工艺纺织品有限公司
吉林省	吉林省温馨鸟集团有限公司
上海市	恒源祥（集团）有限公司
	劲霸男装（上海）有限公司
	南方寝饰科技有限公司
	上海龙头家纺有限公司
	上海罗莱家用纺织品有限公司
	上海三枪（集团）有限公司
	上海水星家用纺织品股份有限公司
	上海小绵羊实业有限公司

江苏省	波司登股份有限公司
	常州旭荣针织印染有限公司
	红豆集团有限公司
	江苏AB集团股份有限公司
	江苏阿仕顿服饰有限公司
	江苏东渡纺织集团有限公司
	江苏金太阳纺织科技有限公司
	江苏康乃馨织造有限公司
	江苏蓝丝羽家用纺织品有限公司
	江苏梦兰集团有限公司
	江苏堂皇集团有限公司
	江苏新雪竹国际服饰有限公司
	江苏悦达家纺有限公司
	江苏云蝠服饰股份有限公司
	鑫缘茧丝绸集团股份有限公司
	雅鹿控股股份有限公司
	紫罗兰家纺科技股份有限公司
浙江省	步森集团有限公司
	法派集团有限公司
	汉帛（中国）有限公司
	杭州喜得宝集团有限公司
	湖州珍贝羊绒制品有限公司
	江南布衣服饰有限公司
	万事利集团有限公司
	浙江报喜鸟服饰股份有限公司
	浙江红黄蓝服饰股份有限公司
	浙江洁丽雅纺织集团有限公司
	浙江梦娜袜业股份有限公司
	浙江米皇羊绒股份有限公司
	浙江森马服饰股份有限公司
	浙江袜业有限公司
	真北集团有限公司
宁波市	罗蒙集团股份有限公司

	宁波博洋服饰有限公司
	宁波博洋控股集团有限公司
	宁波培罗成集团有限公司
	宁波申洲针织有限公司
	宁波维科精华集团股份有限公司
	宁波中哲慕尚控股有限公司
	太平鸟集团有限公司
	雅戈尔集团股份有限公司
安徽省	安徽鸿润（集团）股份有限公司
	安徽天馨工艺制品集团有限公司
	安徽霞珍羽绒股份有限公司
福建省	福建佳丽斯家纺有限公司
	福建龙岩喜鹊纺织有限公司
	福建七匹狼实业股份有限公司
	九牧王股份有限公司
江西省	江西恩达麻世纪科技股份有限公司
	江西回圆服饰有限公司
	鸭鸭股份公司
山东省	滨州亚光家纺有限公司
	即发集团有限公司
	青岛红领集团有限公司
	山东江辰时装有限公司
	山东泰丰纺织有限公司
	山东仙霞服装有限公司
	威海市山花地毯集团有限公司
	希努尔男装股份有限公司
	愉悦家纺有限公司
河南省	郑州领秀服饰有限公司
	郑州云顶服饰有限公司

湖北省	湖北美尔雅集团有限公司 武汉爱帝集团有限公司 武汉猫人制衣有限公司
湖南省	多喜爱家纺股份有限公司 湖南东方时装有限公司 湖南梦洁家纺股份有限公司 湖南省忘不了服饰有限公司
广东省	凯撒（中国）股份有限公司 珠海建轩服装有限公司
深圳市	安莉芳（中国）服装有限公司 深圳市富安娜家居用品股份有限公司 深圳市叶子服装实业有限公司
四川省	雷迪波尔服饰股份有限公司
陕西省	榆林市蒙赛尔服饰有限责任公司
青海省	青海藏羊地毯（集团）有限公司
宁夏回族自治区	宁夏圣雪绒国际企业集团有限公司

附件二　2015年中国纺织服装品牌大事记

2015年1月

1月13~18日，哈尔滨时装周·冰城时尚节在哈尔滨举办。本次活动通过大量的现场互动吸引社会的广泛关注，是一场集国际时装秀、新锐设计展示、时尚品牌落地营销、群众时尚互动于一体的大型综合性时尚文化推广活动。活动期间来自10个国家的40余位设计师展示了1200余套新锐时装作品，5000人次现场观秀，300余家中外媒体全程聚焦，通过平面、网络、微博、微信等媒体的浏览人数达到100万人以上。

2015年3月

3月16~18日，中国纺织工业联合会主办的春季联展在国家会展中心（上海）拉开大幕。本次中国国际服装服饰博览会（CHIC）、中国国际纺织面料与辅料（春夏）博览会（INTERTEXTILE）、中国国际纺织纱线（春夏）展览会（YARNEXPO）、以及以展中展形式出现的中国国际针织（春夏）博览会（PH VALUE）同地联合举办，总面积达22.2万平方米，共吸引了来自30余个国家和地区近4000家企业参展，打造了一场精彩绝伦的全产业链盛宴。

3月19~24日，首届深圳时装周在华侨城欢乐海岸华彩亮相。为体现国际化时尚平台的特色，深圳时装周嫁接了国际时装周主流资源和系统，积极纳入国际顶级时尚发布运作体系，结合产业品牌优势，通过T台走秀、时尚艺术展示、时尚Party、时尚盛典晚会等时尚创意系列活动，吸引全球时尚人士和传播资源聚焦深圳。在此期间举办了30场时装表演，并设立设计师作品静态展示。

3月24~31日，梅赛德斯—奔驰中国国际时装周（2015/2016秋冬系列）在北京举办。本季时装周有来自海内外的41家品牌和机构、38位中外设计师，及80余位设计新秀参与，在751 D·PARK、北京饭店等场地举办了26场专场发布、2项专业大赛以及10+3Showroom。此外，还有新闻发布、沙龙论坛、专业讲座等共计50余项专业活动。这其中有近七成的中外品牌和设计师是第一次亮相，同时，中国服装大奖亦首次纳入时装周秋冬系列的官方日程。

3月29~30日，2015中国服装论坛在北京举办，本届论坛以“直面消费的品牌产品”为主题，融中西古今之学，创反本开新之路。既有对消费趋势和产业方向的前瞻思考，又有对传统手工艺与文化美学的深度挖掘，用先进的理念、思想武装企业家，将之灌注入企业的品牌逻辑和运行系统中，推动其成为商业的领航者。企业家、业界领袖、设计师等就如何深耕市场出谋划策。

2015年4月

4月11日，以“融合·转化”为主题的CCDE苏州丝绸产业（国际）创新发展峰会在苏州举行。来自法国、意大利、杭州等国内外著名设计师、丝绸行业领域相关专家齐聚峰会，把脉传统丝绸产业创意产业升级。与会专家认为，苏州作为丝绸之府，经过了深厚的历史积淀，基本上已完成了自己的转型，同时又处在了历史性的新的十字路口。

4月12~14日，MODE上海服装服饰展（Mode Shanghai）重磅推出，200余个国内外设计师品牌参展。国内外百货业和多品牌集成店的买手、经销商以及代理商机构等专业观众逾5300人次，观展呈现出积极良好的成交状况。其全新形态模式的展示和商贸交易平台获得了业内各界的关注和好评。

4月13日，工业和信息化部2014年工业品牌培育示范企业名单公布，全国共核定97家企业为2014年工业品牌培育示范企业，其中纺织服装企业23家。工信部主导的此项工作旨在增强企业品牌管理能力，提升品牌竞争力和价值，以品牌培育试点企业为骨干，带动广大企业开展品牌培育工作。

4月17~20日，2015石狮国际时装周在福建省石狮市举办。作为第18届海峡两岸纺织服装博览会的重要内容，2015石狮国际时装周以泉州建设“海丝”先行区为契机，致力于打造新丝路服饰文化与东方米兰创意梦想的完美结合。许多本土新锐设计师推出了更加大众化、市场反响好的作品，使得服装设计“石狮造”更贴近市场。本届时装周共有11场专场发布，其中1场国外知名设计师服装秀，10场省内外及本地新锐设计师服装秀。第四届“石狮杯”全国高校毕业生服装设计大赛同期举办。

4月25日，2015中国品牌经济（上海）论坛首次在沪举办。同期，上海市政府与中国纺织工业联合会签署了《共建上海国际时尚之都战略合作框架协议》，双方将全面合作、共同推进上海建设具有国际影响力的时尚之都。协议明确，双方共同发起组建国家级时尚产业发展公司，开展时尚产业趋势研究发布、时尚产业基地建设、时尚领域公共服务平台建设、时尚产业国际交流合作等。

2015年5月

5月1~5日，第117届广交会（三期）在广州举办。本届广交会采购商与会18.48万人，比第116届减少0.7%，也低于115届的18.8万人；累计出口成交1720.96亿元人民币（折合280.56亿美元），低于116届的1792.03亿元人民币，比第115届广交会下降9.64%。

5月7~9日，2015年深圳内衣展及中国国际内衣文化周的系列活动启动，2015中国内衣产业发展高峰论坛同期举行。本次论坛以“新常态下中国内衣的变革”为主题，邀请了业内外专家就中国内衣产业在新常态下的变革之道进行深度剖析。

5月9~15日，2015AW杭州国际时尚周在杭州开幕，中国服装设计师原创基地冠名此次时尚活动。本次时尚周上发布了22场服装秀。浙江本土新锐设计师、院校设计师占据发布设计师的三分之一，突显了杭州时尚周在推动原创中的重要作用。

5月20~25日，第十六届中国江苏（常熟）服装服饰博览会暨2015江南国际时装周在江苏常熟举办。本次活动通过“展、论、秀、赛、奖”五大主线活动，全面构建江南国际时装周四大平台体系，并从展览展示、专业采购、趋势发布、品牌建设、行业标杆、人才孵化等方面出发，聚合优秀创新的服装品牌、集结专业精深的行业买家，将其打造成为中国最具专业品质和行业影响力的休闲装产业平台，推动常熟纺织服装产业的品牌化、国际化发展。

2015年7月

7月7日，工信部消费品司在青岛举办了纺织服装创意产业园区经验交流会。来自各省市工业主管部门和中国纺织工业联合会相关负责人、相关创意产业园区近30名代表参会，就时尚创意园区发展情况进行了探讨和交流。

7月9~11日，第十五届中国（深圳）国际品牌服装服饰交易会在深圳举办。本届交易会以“科技引领时尚”为主题，聚焦科技、艺术、设计、创意、文化的创新与融合，助力企业运用科技手段了解市场，全力推动自主品牌的创新发展和中国设计力量走向国际时尚舞台最前沿。交易会展区面积8万多平方米，拥有6大展馆3000多个展位，吸引了来自国内外1000多个品牌参展。来自美、英、法、意、韩等20多个国家和地区的近100个品牌亮相国际馆。

7月21日，2015年全国工业企业品牌培育工作交流会在贵阳召开。来自全国工业品牌培育试点企业、示范企业、产业集群区域品牌建设试点单位代表参会。近20家纺织服装企业参会。作为品牌培育示范企业，恒源祥和T100的代表还就企业在品牌建设方面的经验进行了分享。

2015年8月

8月14日，2015全国服装产业集群工作会议在辽宁省兴城市举行。来自全国近50个产业集群的100多名代表出席了会议。会议旨在更好地理清“新常态”，通过行业结构优化，促进服装产业集群的持续健康发展，有效提升行业核心竞争力。

8月21~30日，2015广东时装周拉开帷幕。本届时装周同期举办第十五届广东十佳服装设计师评选、红棉国际时装周等主题活动。活动形式涵盖新品发布、品牌订货、品牌发布、十佳设计师推介、设计师发布、设计师Showroom展示、国际时尚秀、产业链对接、互联网+资本+商业互动、国际交流、重大项目启动等。

8月26~28日，第21届中国国际家用纺织品及辅料（秋冬）博览会在上海举办。在新形势下，本届家纺展华丽转型，全面进入新家纺、新生活的转型升级时期。本届展会面积17万平方米，来自全球30个国家和地区的近1400家企业（国内近1100家，海外近300家）齐聚一堂，向来自国内外的参展观众展示家纺行业最新的科研成果和最顶级的产品设计。

8月29日~9月1日，第四届亚欧丝绸之路服装节在乌鲁木齐隆重举办。本届服装节以“多彩民族、多彩时尚”为主题，来自格鲁吉亚、俄罗斯、哈萨克斯坦、乌兹别克斯坦等国8位著名设计师和国内设计师为观众带来了13场时装发布会。服装节同期举办了2015亚欧时装周、2015中国裤业年会暨新疆服装产业发展对接会、首届新疆十佳服装设计师评选、新疆十大职业服装品牌企业评选推介等活动。本次服装节是在“一带一路”背景下，紧密围绕新疆大力发展劳动密集型产业、大力发展纺织服装产业促进百万人就业战略部署展开的，活动的举办为服务和推介新疆纺织服装产业发展，扩大新疆服装品牌的社会知名度和社会影响力、促进中国与中亚、西亚各国服装产业合作起到了积极作用。

2015年9月

9月11~13日，第十七届江苏国际服装节暨博览会在南京国际博览中心隆重举行，本届服装节以“品牌江苏、时尚江苏”为主题，以第十七届中国江苏国际服装·家纺·面料博览会、2015江苏时尚创意周和系列活动为主体。展览面积超过5万平方米，超2万名国内外专业买家到会采购，500多个省内外品牌参展。

9月19~22日，2015中国（大连）国际服装纺织品博览会在大连举办，本届服博会以“云裳大连”为主题，以全新的理念进行资源整合，实现跨界合作，并把传统的服装纺织产业与传统的商业渠道模式和外贸模式进行转型和升级，引入“互联网+”。本次展会参展企业1000家，其中海外展商占30%，国内自主品牌、产业集群区域品牌展商占50%，观众达到50000人次，海外观众占10%以上。

9月22~27日，2015长安福特新蒙迪欧中国重庆国际时装周在重庆市正式拉开帷幕，本次时装周主题为“霓裳重庆　进无止境”。来自8个国家的十多位中外知名服装设计师、数十个时尚领袖品牌亮相山城，着力提升重庆城市时尚指数。

9月23日~10月7日，北京设计周在北京举办。本次设计周首次聚焦传统艺术，举办的展览及活动延伸到生活领域中衣食住行的各方面。15天的活动遍布北京城内四个主要区域及津冀地区，除了面向行业内人士的设计之夜、高峰论坛等活动，众多不同类型的主题展览、课程和活动也是本次活动的亮点。

2015年10月

10月13~15日，中国国际服装服饰博览会2015（秋季）、第二十一届中国国际纺织面料及辅料(秋冬)博览会、中国国际纺织纱线展览会（YarnExpo）、中国国际针织博览会（PHValue）在上海国家会展中心同期举办。本次联展展出面积超过228000平方米，来自29个国家和地区的超过5000家展商参展。展会期间举办了18场商业论坛及多场发布秀，5.7万人次的专业观众参观了本次联展。这也是中国国际服装服饰博览会移师上海后举办的首次秋季展。

10月13~21日，上海时装周（2016春夏）在上海举办。8天期间通过逾50场时装秀，呈现国内外最In的时装潮流趋势。4月首次亮相即广受好评的MODE上海服装服饰展于本季时装周期间再次举行，集合22家高品质参展呈现近400个国内外设计师品牌和商业服装服饰品牌，与秀场作品发布相得益彰，帮助设计师和品牌明确自身定位，实现从“秀场”向“市场”的过渡。

10月14日，2015中国纺织业“走出去”交流大会在上海召开。会议以“一带一路”的纺织版图为主题，从行业视角出发，深度解析“一带一路”带来的纺织机遇，为中国纺织企业全球布局指点迷津。在本次会议的热点聚焦环节，对“越南及东南亚国家的投资现状及潜力”、“‘一带一路’国际产能合作与金融支持”两大热点进行了专题讨论。此外，针对民营企业“走出去”的资金痛点问题，大会特邀国家开发银行、中国工商银行等金融机构负责人及企业代表进行了深度交流，共同探讨了如何借力国家资本优势促进国际纺织产能合作，政策性银行和商业银行如何对纺织企业海外并购进行金融支持，以及海外绿地投资和跨国并购的融资经验。

10月16~18日，第二届江苏（盛泽）纺织品博览会在苏州市吴江区举办。本届纺博会再次以“中国面料看盛泽”为主题，全方位展示“原产、原创、流行”的纺织产品，将生态环保、创意时尚融合，为盛泽纺织业内外贸易搭建起新的互动平台，扩大了吴江纺织业在国内外的影响力、吸引力和辐射力。展会共吸引了4.27万余名国内外纺织服装采购商来到盛泽洽谈合作，供采双方达成意向订单4385余单，意向交易额达10.72亿元。

10月19日，以“智造：不可回避的当下与未来”为主题的2015中国服装大会在成都召开。本次大会内容包括中国服装协会六届三次理事会暨专业委员会联合年会、20场平行会议、高端论坛、2015成都时装周启幕秀等内容。

10月20~25日，2015成都时装周在成都拉开帷幕。本届时装周以“时尚就是生活”为主题，设置成都宽窄巷子体验馆、参展中国服装大会、

"2015成都时装周"开幕式暨首场品牌新品发布会、"2015成都时装周"品牌发布会、独立设计师品牌发布会、品牌家纺服装直销周等六大特色活动。本届时装周邀请了国内外知名服装设计师举行专场发布会，并免费向市民开放。而在本届时装周的主会场—彭州市中国（成都）设计师一条街，连续五天举办八场独立设计师品牌发布会，轮番展演国内设计师的精品服饰，推动成都家纺服装产业迈上新的台阶。

10月22~25日，第十九届宁波国际服装节在宁波拉开帷幕。本届服装节以"时尚宁波、霓裳东方"为主题，共组织了第十九届宁波国际服装服饰博览会、2015宁波国际时装周、中国男装产业发展趋势高峰论坛等十项重大专业活动，汇聚名企、名品、名家和世界服装产业的资源、资本、资讯，推进服装产业转型升级。和历届相比，本届服装节首次设立服装"互联网+"展区和智能设备馆，并举办服装产业智能制造高峰论坛，突出智能制造，全产业链服务能力的提升。

10月23~25日，2015中国国际丝绸博览会暨中国国际女装展览会在杭州举办。本届丝博会重在展示丝绸女装企业在智慧制造、智慧营销、时尚趋势、人文内涵等多方面的成果，努力打造丝绸及女装产业研发、交流、展示、贸易、发布平台。同期举办的"Mode China"系列活动通过邀请国内外知名设计师及女装品牌现场走秀，并在秀场周围设Show Room等方式打造B2B平台。第20届"中华杯"国际礼服与女装设计大赛的举办也起到了推动四季丝绸创新设计以及增强国际丝绸话语权的重要作用。

10月23~28日，2016SS杭州国际时尚周在杭州举办。时尚周期间共举办了14场专场发布，本季时尚周的主题为"从一种姿态，到一种行走"。旨在传递一种有趣好玩的生活方式。时尚周由2016SS品牌发布、"腔势"创意生活展、时尚论坛和VIP之夜暨2015年度时尚大典四大板块构成。

10月25日~11月2日，梅赛德斯-奔驰中国国际时装周（2016春夏系列）在北京如期举办。本次时装周有90余家中外品牌和机构、73位中外设计师和135位设计新秀携最新作品亮相。参加发布的中外品牌和机构中，既有富有特色的设计师品牌也有以设计为核心驱动的成衣品牌，商业与科技、艺术与环保、国际与民族成为本届时装周发布的主旋律。本届时装周期间，一批年轻设计人才也通过大赛平台崭露头角。

10月31日~11月4日，第118届广交会三期在广州举办。第118届广交会三期主要展出纺织服装类、鞋类、办公、箱包及休闲用品类、医药及医疗保健类、食品类等商品。本届广交会一、二期到会客商140616人次，比上届同期下降6.1%，比第116届同期下降6.7%。

2015年11月

11月11日，中国电子商务研究中心的监测数据显示，2015年"双11"全网总销售额首度超过千亿元人民币。天猫11月11日全天交易额达到912.17亿元,其中移动端成交占比68%,累计物流单量4.67亿个。优衣库2015年的"双十一"的整体销售额突破了6个亿，拿下服饰类商家销售的第一名。罗莱家纺、美邦服饰、七匹狼、九牧王、富安娜、报喜鸟、杉杉股份等纺织服装类公司均在双十一期间创造了良好的销售业绩。

11月13~15日，第十一届浙江（温州）轻工产品暨2015国际时尚消费博览会在温州召开。本次展会以"设计创造时尚，时尚引领消费"为主题，集时尚发布、资讯交流、产业贸易、前端体验于一体，分别设置时尚国际品牌馆、时尚设计馆和动态时尚发布中心展区，通过引进国内外时尚前沿品牌前来参展，打造出一个无边界的时尚交流平台，从而引领温州时尚产业的转型升级。

11月20~23日，第20届中国虎门国际服装交易会暨2015虎门时装周在东莞市虎门镇隆重举办。本届服交会展区总面积10,600平方米，共有展位470个，特设时装专区、童装专区、电商专区、SHOWROOM专区(广东服装设计展)、富民专区、面辅料专区等。

11月21日，中国纺织创新年会·虎门峰会成功召开。会议以“创新资本时尚转型—纺织服装发展新引擎”为主题，旨在探寻资本和时尚力量助推下的行业创新发展模式，促进行业转型升级。活动密切结合产业集群特点、优势和当下产业热点议题，从创新资本和时尚转型角度出发，设立两个分论坛。来自中国人民大学、银河证券、安博思咨询集团及企业的专家和企业家就A股IPO改革和多层次资本市场的创新及对传统纺织工业的机遇和挑战进行交流和分享。

11月24日，“纺织之光”2015年度中国纺织工业联合会科技教育奖励大会在北京人民大会堂隆重举行。2015年度中国纺织工业联合会科学技术奖对“新型高档苎麻纺织加工关键技术及其产业化”等93个项目授奖，其中一等奖11项、二等奖42项、三等奖40项。今年获奖项目主要集中在新型纤维制备、纺织加工技术提升、产品创新开发、智能装备和节能减排等方面，代表了当今纺织科技发展的最高水平和方向。

11月24~26日，2015中国家纺大会暨中国家纺协会第六届会员大会在海门举办。此次大会主题为“融合聚力、智造领航”。全国家纺行业中家纺会员企业单位以及国际纺联部分会员共计500人次参会。会议期间举办了中国家纺协会第五届十次常务理事会议、第六届理事会第一次会议、第一次副会长工作会议，同时举办了2015张謇杯·家纺设计大赛颁奖典礼、融合聚力智造领航2015家纺高峰论坛等行业活动。

11月26~29日，“shui·厦门”2015厦门国际时尚周在厦门隆重举行。此次厦门国际时尚周由中国服装协会、中国服装设计师协会、爱慕集团、时尚集团等多家时尚机构和企业合作，内容包括“激活时尚-shui风向、美丽动人—shui时装、美丽生活—shui雅集”三个充满厦门文艺气息的板块，充分展示了厦门的时尚个性，借此机会进一步激发厦门的时尚活力。

2015年12月

12月5~7日，2015山东纺织服装展示展销会（秋季）暨2015中国（齐鲁）国际时装周在济南举办。通过秀、展、论、奖四大形式，八大精彩活动，助推山东服装企业转型升级，构建有较大影响力的品牌，增强市场营销能力及设计研发能力。其中商圈活力SHOW集结了省内服装成长型品牌亮相商圈并进行现场发布秀，搭建与消费者最好的展示与交流舞台。展会突出“促进大众消费”的主题，以观摩与购买、展示与展销相结合的多种方式，鼓励引导更多的企业和消费者参与展示展销活动。

12月5~15日，2015第四届武汉国际时装周在武汉举办。本届时装周以“创新引领，时尚改变生活”为主题，突出“互联网+”、“买手经济”、“创新创业创意”、“服装创二代”、“设计师新生代”、“产业投融资”等元素。法国高级定制设计师Eric Tibusch等国外时装界大咖与中国设计师刘薇、孙菊香、黄李勇带来了数场精彩的时装大秀。时装周同期举行了“时尚走进江城”、“时尚不落幕”影像展等创意活动，让广大市民零距离体验时尚。

12月10日，2015年中国纺织服装行业社会责任年会暨中国纺织服装行业社会责任建设十周年纪念活动在北京隆重举办。本次年会以“先锋十年，创新未来”为主题，旨在增进各利益相关方沟通与交流，推进行业绿色制造的责任发展实践，实现中国纺织服装行业“生态文明”建设与全球纺织供应链的可持续发展。活动同期召开了绿色制造与企业环境责任管理研讨会和经济合作组织《纺织鞋服行业供应链尽责指南》中国意见征询会两场专业活动。

12月31日，2015中国纺织服装品牌年度工作会议在上海召开。来自工信部、部分省市经信委行业主管部门的领导及区域品牌地方行业协会代表、纺织服装创意产业园区负责人、纺织服装品牌企业代表共计200余人出席本次会议。本次品牌年会发布了2015年度纺织服装品牌发展报告，公布了“2015年度品牌培育管理体系有效运行企业名单”、“2015年度纺织服装鞋帽企业品牌价值评价前50强名单”及“2015年度中国纺织服装十佳品牌故事”榜单。会议发起了成立纺织服装创意产业园联盟的倡议。在论坛环节，优秀品牌企业代表就互联网+和纺织服装行业的融合等话题进行了专题演讲。

行业篇

第一章　丝绸行业

中国纺织工业联合会品牌工作办公室　中国丝绸协会

一、中国丝绸行业发展现状

丝绸行业是我国历史悠久、涉及农工商贸的传统产业，是具有明显国际竞争力的优势产业，在国民经济中具有特殊地位。2014~2015年，国内经济处于增长速度换挡期、结构调整阵痛期、前期政策刺激消化期三期叠加，工业经济出现新的困难和挑战，导致丝绸行业经济增速放缓，外贸出口持续下滑，行业运行经受了较大的下行压力。但丝绸行业企业坚持创新驱动产业升级，加快丝绸品牌创建，使丝绸行业在困境中取得了稳定发展。

（一）生产增速放缓，由规模增长转化到效益提升

2014年，据国家统计局对415家规模以上缫丝绢纺企业统计，丝产量16.73万吨，同比增长6.85%，其中40家绢丝企业绢丝产量11307吨，同比下降7.73%；273家规模以上织绸企业绸缎产量71676万米，同比增长0.49%；122家蚕丝被企业蚕丝被产量2474万条，同比下降0.02%。

2014年，全行业规模以上企业主营业务收入1281.29亿元，同比增长6.79%；利润69.58亿元，同比增长4.68%，其中缫丝加工实现利润39.20亿元，同比增长3.34%，丝织加工实现利润27.12亿元，同比增长9.26%，丝印染加工实现利润3.25亿元，同比下降12.3%。总体来看，2014年全行业主营业务增速较上年底增速回落6.32个百分点，行业利润增速较上年同期下降了9.18个百分点，全行业由规模增长转化到效益的提升。

（二）下行压力加大，企业运营管理成本持续增加

据国家统计局数据显示，2014年丝绢纺织及精加工行业亏损企业亏损总额2.94亿元，同比增长28.75%；企业存货143.2亿元，同比增长2.34%；企业营业费用同比增长8.57%，管理费用同比增长2.35%，财务费用同比下降4.192%，其中利息支出同比增长1.26%。总体来看，2014年丝绸行业亏损企业亏损总额同比增长近30个百分点，较2013年增速变化达44.21%；行业亏损面12.96%，高于纺织行业平均亏损面11.51%，显示出整个行业经济下行风险和压力加大。

（三）出口调整明显，量额下降同时单价明显提升

据中国海关统计，2014年全国真丝绸商品出口31.38亿美元，同比下降11.29%。丝类产品出口13384吨，同比下降了10.5%，出口金额6.15亿美元，同比下降8.21%，单价同比增长2.57%。

其中，生丝出口5579吨，同比下降6.07%，金额2.97亿美元，同比下降10.65%；真丝绸缎出口数量15624万米，同比下降6.84%，金额9.08亿美元，同比下降5.91%，单价增长1.04%；坯绸出口数量11996万米，同比下降6.06%，出口金额6.35亿美元，同比下降2.87%，单价同比增长3.52%；丝绸服装及制成品出口16.16亿美元，同比下降15.11%；真丝绸服装出口9085万件（套），同比下降71.4%，金额10.25亿美元，同比下降21.61%，单价同比增长174.03%。出口的真丝绸服装中，针织服装出口数量同比下降81.58%，金额同比下降55.31%；机织服装出口数量同比增长13.62%，金额同比增长8.38%。2014年，真丝绸服装出口数量和出口金额同比呈现大幅下滑趋势，出口数量和金额分别下降71.4%和21.61%。外贸订单萎缩，倒逼国内丝绸企业提高单件商品的附加值。2014年真丝绸服装出口单价同比持续走高，平均单价11.29美元，同比增长174.03%，量额下降同时单价明显提升。

二、中国丝绸品牌发展的新特点

2014~2015年，在国内经济新常态大环境下，丝绸行业品牌建设也涌现出一些亮点，值得行业高度关注。

（一）产品线拓宽新品开发成效显著

丝绸自主品牌的可持续发展需要有优良的品质和深厚的产品内涵作为保障。随着丝绸产品的技术含量不断提高，当前丝绸行业新材料、新品种、新工艺开发成果显著，产品线在不断拓宽。产品结构进一步优化，丝绸深加工产品及制成品的比重不断提高。丝绸产品的概念已在传统的生丝、坯绸、服装、丝巾、领带的基础上，拓延到丝毯、蚕丝被、文化用品等领域。

2014年11月，举世瞩目的亚太经合组织（APEC）峰会在北京隆重召开，吴江鼎盛、达利（浙江）等企业充分发掘、保护和传承传统文化，结合现代织造工艺开发高端优质真丝男装和女装面料，制作的“新中装”伴随着各国领导人闪亮登场，赢得了世界的高度关注；浙江嘉欣丝绸、米赛等企业开发的丝针织系列服装，浙江金富春、江苏华佳等公司开发的真丝复合纤维面料，通过采用新材料、新工艺、新技术的研究和运用，大大提高了传统丝绸产品的服用性能和产品档次；丝绸之路集团、淄博大染坊、南充依格尔等企业开发的特宽幅真丝提花家纺面料，成为富安娜、罗莱等大牌家纺企业丝绸面料主要供应商。苏州大学通过桑蚕品种杂交选配培育的超细纤度家蚕新品种，其茧丝纤度可以达到1D左右，粒茧丝长可达1300~1500米，属国内首创。江苏鑫缘茧丝绸集团应用表面改性技术和新型纳米材料制备技术开发的多功能重磅真丝面料，提高了真丝面料的实用性和功能性；金富春集团公司与美国杜邦集团合作开发的真丝弹力纤维面料，改变了传统真丝面料易皱、易变形的缺点，成为法国香奈儿等10多个世界顶级成衣品牌的面料供应商。

（二）自主品牌创建意识明显增强

“重加工，轻品牌”在传统丝绸行业是一种非常普遍的现象。然而面对原材料成本上升、出口下降及国际品牌大举进入中国市场的现状，全行业自主品牌意识明显增强，丝绸企业开始或主动或被动地推进自主品牌创建及推广。丝绸自主品牌发展相对于国内其他行业自主品牌创建意识明显滞后的局面逐渐得到改善。

当前传统的单个品牌的竞争向细分品牌的品牌集团化竞争转变。传统的单一品牌包打天下已经不再适应当前市场发展趋势。不同年龄、个性、价值观的消费者需求不一样，不但要求产品个性化，更要求品牌的细分化。为了顺应这一发展潮流，万事利集团等丝绸企业通过多品牌化的发展策略，引领企业在不同目标消费群体中的快速增长。2014年万事利集团在原有品牌“万事利”的基础之上，推出了高端品牌“凤凰之家”，以凤凰这种吉祥之鸟为基本要素，产品定位于1000~2000元，在线上和线下同时销售；另外通过收购法国丝绸品牌MARC ROZIER以及引进国际著名奢侈品集团爱马仕集团高管等手段，从产品、渠道和管理几方面发力，推动品牌的立体化多层次发展。

达利丝绸在积极推进企业转型升级的过程中，始终遵循“以市场为中心”的指导思想，实施“品牌提升、决胜终端”的市场策略，积极维护好既有品牌，并通过开拓新品牌，不断加强品牌宣传推广及产品创新，大力拓展内销市场，打造全国性营销网络，实现决胜终端的战略目标。近年来，公司积极推进以“丝绸故事”品牌零售、“雅慕”丝绸家纺和“达利发”丝绸面料品牌为重点的内销战略主线。在此基础上，推出了as、Theme、CSLR三个成衣品牌。as品牌更关注现代女性多元化充满活力的生活方式，装扮出女性率性而魅力的气质造型。Theme品牌以“简洁、清新、靓丽”为风格，紧扣大都会时尚脉搏，适合20~35岁白领丽人、时尚女性。以行政套装（EXECUTIVE）和时尚姿选（SMART CASUAL）两种不同风格的系列产品，让女性每天都感受不同的精彩。CSLR品牌风格的源头来自欧洲20世纪50年代的“新风貌”时期。其设计从对“新风貌”造型优雅经典的沿袭，到渐渐加入游戏和生活的气息，打破了高贵与平凡，高级与通俗之间的绝对界限。达利丝绸的几大品牌互为补充，获得了良好的市场认可。

（三）营销渠道逐步拓宽

渠道是品牌企业将其产品出售给消费者的手段，产品出售和分销的方式，可以对品牌资产和最终的销售成功产生深刻的影响，渠道策略的目标就是实现渠道覆盖率和有效性的最大化。渠道建设始终是品牌发展的重中之重。

当前批发市场、百货商场等传统渠道进一步转型升级，百货业态通过购物中心化、专业化、买手制探索寻求变革的方向和方法；一大批网上商业零售平台的兴起为企业产品的销售提供了一个全新的方向，越来越多的品牌通过电子商务的方式实现管理和营销；基于体验的购物中心、体验式商业综合体和生活体验店通过对事件、情景的安排以及特定体验过程的设计，让消费者在消费过程中产生深刻的印象。消费者的接触体验成为品牌推广和提升销量最好的载体。

浙江凯喜雅、达利、万事利、嘉欣、丝绸之路，江苏苏豪、鑫缘、苏丝、华佳、广东丝纺集团、辽宁丝绸科技、永发集团，四川六合、伊格尔等一批丝绸骨干企业投资建立和发展丝绸专营店，竭力打造规模化高端丝绸产品销售平台，直营店区域逐步从一线市场向二线、三线甚至四线城市不断渗透，极大地带动了企业自主品牌销售的稳步增长。同时，丝绸电子商务市场也得到快速发展，网络购物正在悄然成为国内丝绸新的经济增长点，约有60%的丝绸企业已经在淘宝、天猫、京东商城等电商销售平台开设了品牌网店，35%的企业网上销售额超过500万元，初步估算全行业网上销售额超过10亿元，金三塔、万事利、鑫缘、欢莎等丝绸品牌，已成为丝绸产品网络销售的领军代表，电子商务成为其内销市场重要渠道；凯喜雅丝绸女装、凯丽丝绸等丝绸品牌通过开设生活方式体验店或店内陈设的情景化改造将丝绸文化、产品风格更为准确、直观地传递给目标消费者。达利丝绸通过开设丝绸世界（SILK WORLD）大型体验式丝绸主题购物商场，创设情景式体验场景，将达利自主品牌的各类丝绸产品系列化地呈现给消费者。

（四）借助丝绸文化内涵提升品牌价值

丝绸是中华文化和东方艺术的代表符号。丝绸产业不仅仅是传统产业，也属于文化产业。注重梳理、挖掘丝绸的历史、文化和内涵，从传统文化中寻求符合自身品牌风格的文化元素，建立品牌文化系统，讲好品牌故事，注重科技创新、产品创新、平台创新，开展品牌文化营销，促进品牌内涵的拓展和品牌价值的提升，成为更多丝绸品牌发展壮大的途径。充分挖掘和保护民间丝绸传统技艺，做好相关非物质文化遗产的传承与创新，弘扬中国丝绸文化是丝绸产业发展的方向和驱动力。

“新中装”再一次掀起了人们对打造“国服”的热情和向往，以此为契机，蜀锦、宋锦、云锦、缂丝、莨绸、刺绣等民间传统丝绸工艺技法的挖掘和保护也取得明显成效，中国丝绸非物质文化传承积极推进。兆妩推出的“WOO嫵”专注于高端围巾和披肩，采用真丝、羊绒等高品质材料，传承中国传统文化与东方艺术精髓，深受中外高端消费者欢迎，2014年销售额同比增长31.5%，2015年1~2月同比增长48%，并实现了一条概念围巾单价31万元的销售业绩。

民间资本和工业企业投资建设丝绸博物馆和文化创意园积极性高涨，“工业+文化+旅游”产业模式初步形成。各具特色的丝绸文化博物馆，如深圳中丝园、四川丝绸博物馆、达利丝绸工业园、华佳丝绸文化博览园、万事利丝绸文化博物馆等一批集展示、教育、观光、购物、休闲于一体的丝绸主题园的相继落成，对拉动当地旅游、餐饮经济发挥了积极的作用。吴江鼎盛丝绸有限公司着手打造中国宋锦开发与保护基地，将古老宋锦文化元素融入箱包及装饰等高端时尚领域，产品附加值成倍增长。苏州市工商档案管理中心筹资建立中国丝绸品种传承与保护基地，为挖掘和保护丝绸样本资源，弘扬丝绸历史文化创造更好条件。浙江省丝绸文化研究会在杭州正式挂牌成立，标志着文化创意研究助力产业经济发展模式开始起航，为探索丝绸产业转型升级，实现文化与经济融合发展提供了新的思路。企业和社会各界下工夫作博物馆，反映了丝绸文化深入人心，并已成为品牌发展的核心内容。

（五）“互联网+”的应用促进转型升级

随着“互联网+”概念的提出及和各行业链接的多元化，互联网日益渗透到纺织服装企业发展的各个方面。如何借助互联网及其推动产生的商业模式、技术手段实现丝绸品牌企业的跨越式发展，实现企业的转型升级是当前阶段行业内企业关注的重点。

在传统行业的互联网化改革过程中，供应链管理的改进是重要一环。通过大数据、云平台等现代技术，降低供应链成本、提升效率是丝绸品牌企业面对原料、用工成本上升、渠道费用增长做好内功的必要途径。供应链快速反应能力也是品牌企业进一步扩大规模，提升产品销售的重要保证。

针对丝绸产品的个性化需求，如何开发互联网的服务性特质，将网店等销售平台的销售功能和服务功能和数据收集功能整合，开发出符合消费者需求的产品也是“互联网+”促进行业发展的重要路径。

（六）品牌国际化发展

丝绸是丝绸之路的标志性商品。在“一带一路”历史新机遇下，加强品牌国际推广，充分展示中国丝绸自主品牌整体形象，是推进丝绸品牌国际化发展的重要路径。

中国国际丝绸博览会、中国丝绸交易会等大型专业展会及中国国际丝绸论坛、中国国际丝绸会议等行业会议的连续举办，为促进产业技术衔接、品牌宣传、贸易合作搭建了多种沟通和交流平台；苏州、杭州等丝绸特色城市在波兰、罗马尼亚等举办的丝绸博览会为中华丝绸文化的传播起到了重要作用；国内企业与国际研发设计机构合作日益密切，信息沟通渠道畅通；行业协会与国外相关科研机构、民间组织往来互动多元化，为促进全球丝绸行业的和谐共赢发展奠定了重要基础；行业商协会等中介组织在制定国际标准、维护国际贸易秩序和应对贸易摩擦等方面的自律协调作用的增强，提升了我国在世界丝绸领域的话语权。

一批丝绸行业龙头企业通过购买国外品牌，邀请有国际品牌运作经验的专业人士加盟等方式，不断扩展国际化视野，力求将中国传统文化与世界一流设计、高端制造品质相结合。万事利集团2013年收购了法国万事利收购法国MARC ROZIER集团，这家具有百年历史的丝绸企业将为万事利高端产品提供代工。通过学习MARC ROZIER先进的管理理念，引进MARC ROZIER精湛的丝绸工艺技术，实现万事利丝绸产品、技术的世界级水准，为品牌国际化打下了坚实基础。2014年万事利集团又引进了爱马仕集团核心管理层成员、爱马仕丝绸控股集团CEO Patrick Bonnefond正式加盟万事利，担任万事利丝绸文化股份有限公司CEO，全面推进万事利国际品牌在中国市场以及欧洲市场的重点布局。

as是达利旗下品牌之一，在美国著名百货公司MACY'S、BLOOMING DALE、NORDSTROM的销售历史长达20年。其as august silk 针织系列更是位居全美同业零售冠军。as进入国际市场的切入点并不仅仅是单纯地树立某种风格，而是倡导女性一种新型的穿着理念与自由的生活态度，加之其很高的性价比，持续创造了良好的业绩。

三、当前丝绸行业发展面临的形势

我国丝绸行业发展面临的外部环境机遇大于挑战。国家正加快实施创新驱动战略，全力推进大众创业、万众创新，努力增加公共产品、公共服务双引擎，高征低扣、出口退税率等长期制约企业发展的政策已经或正在得到解决，加上各丝绸产业链基础扎实，文化底蕴深厚，行业发展稳中向好的趋势仍未改变，有利于全行业振奋精神、提质增效、深化改革，努力化解阶段性调整带来的阵痛。

（一）面临的机遇

1. “一带一路”带来的国际化发展机遇

习近平主席在2013年9月和10月分别提出建设“新丝绸之路经济带”和“21世纪海上丝绸之路”的战略构想，以期开创中国全方位对外开放新格局。经过近两年的酝酿，“一带一路”正从战略构想走向落实。丝绸行业作为古丝绸之路上最具代表性的贸易支柱产业，在“一带一路”战略背景下，也将迎来转型升级、跨越发展的新机遇。国家提出“一带一路”战略思想，不仅将传递中国古老的丝绸文化，打出具有民族特色的丝绸品牌，还将助力传统企业换代升级。

“一带一路”战略思想的提出，使丝绸行业的定位由传统制造产业、劳动密集型产业转型升级为文化创意产业、时尚产业。商务部在《茧丝绸行业“十二五”发展纲要》中指出：要进一步扩大丝绸品牌产品国际市场占有率，引导优势企业走出去，通过收购、入股等形式进行境外投资合作、品牌收购、营销网络建设。

作为“丝绸之府”及古丝绸之路重要节点的杭州、苏州、南充等城市也抢抓战略机遇，制定相关政策，顺势而为，积极引导优势企业走出去，重构地方丝绸产业发展新动力。杭州市政府引导企业在两年内达成与多个法国、意大利丝绸名企的合资合作项目，包括与泰国、柬埔寨等东南亚国家的顶级丝绸品牌合资合作，发挥杭州丝绸成为国际品牌的集群效应，把杭州建成国际丝绸产业的品牌中心，使杭州丝绸在世界丝绸产业中从量的优势转化成质的优势、品牌的优势，加快杭州丝绸在“一带一路”建设中收获硕果。玖久丝绸在乌兹别克斯坦建立了蚕桑和丝绵生产加工基地。中国绸都四川南充作为古老南方丝绸之路的起点之一，在“一带一路”和长江经济带的战略布局下，积极融入丝绸之路经济带联盟，开拓了东亚、中亚、南亚等国际丝绸市场，南充还与印度、巴基斯坦、哈萨克斯坦、乌兹别克斯坦等沿线国家达成了合作意向，力求凭借其产业优势与国际丝绸市场实现对接。

2. 丝绸作为文化创意产品得到认同

文化创意产业是以创新、创造、创作为根本手段，以文化内容和创意成果为核心价值，以知识产权实现或消费为交易特征，为公众提供独特文化体验的具有内在联系的行业集群。随着我国经济社会的发展与进步，国内居民的消费观念逐渐由过去吃、穿、住、用、行向学、健、游、安转变，文化消费已成为我国经济的新增长点，国内的文化创意产品市场潜力巨大。2014年，国务院颁布了《关于推进文化创意和设计服务与相关产业融合发展的若干意见》（以下简称《意见》）。《意见》指出推进文化创意与实体经济深度融合，是培育国民经济新的增长点、提升国家文化软实力和产业竞争力的重大举措，是加快实现由“中国制造”向“中国创造”转变的内在要求，是促进产品和服务创新、催生新兴业态、满足多样化消费需求、提高人民生活质量的重要途径。国家更加重视文化创意产业，丝绸作为与文化融合的产品地位认同与提升。

丝绸作为中国最具代表性的贸易品，因其所蕴涵的深厚文化底蕴，能够在中国绵延几千年，生生不息，并且成为中华文化的代表。开拓丝绸行业发展新路径需要突破传统固有思维，积极转变生产、经营和流通方式，以丝绸文化为载体，提升行业的文化内涵。

近年来，广东丝绸文化地标之一中国丝绸文化产业创意园连续承办了第五、第六、第七届文博会分会场，成为深圳市文化产业基地、深圳市文化+旅游型示范基地。园区以丝绸文化为载体，以文化创意为理念，积聚设计制作、科研创新、展示交易、旅游休闲、情景购物、互动体验等功能为一体的国家级高档丝绸与刺绣制品及其延伸产品的时尚创意园区。园区以其文化内涵为关键要素，吸引了包括丝丽、凯喜雅、达利、万事利、六合、杭州高盛、御品云莎等在内的数十家家国内顶级丝绸知名品牌进驻。

作为“新丝路”上丝绸产品第一大口岸，近年来杭州以政府为主导，成功举办了六届中国国际丝绸论坛，并连续十五年举办中国国际丝绸博览会。这是世界丝绸产业界规模最大、主题最鲜明的同行交流，促进了了解和互信，也促进了世界丝绸产业的互动发展，更为重要的是形成了丝绸文化浓厚的良好氛围，为丝绸产业向时尚产业、文化创意产业的转型提供了平台。多年举办的中国丝绸流行趋势研究发布、中国国际丝绸论坛等活动也为杭州丝绸文化创意产业的发展提供了肥沃的土壤。

3. 互联网时代带来的产业转型升级

2015年，《政府工作报告》中首倡“互联网+”的概念，正式提出制订“互联网+”行动计划。“互联网+”生态以互联网平台为基础，利用信息通信技术与各行各业实现跨界融合，推动行业优化、增长、创新。在此过程中，新产品、新业务与新模式也会不断得到扩展。

2014年，杭州丝绸产业认识到经济下行时传统产业的发展重在调整与转型，新型互联网经济具有巨大增长空间。依托杭州作为“丝绸之府”的特殊行业地位，还是IT产业云集之地，电子商务平台及大数据技术发展蓬勃，杭州丝绸具有更好开拓全球市场的信息化技术支撑资源。因此杭州市政府倡导“拓展空中丝路，打造网上名馆”的发展战略。2015年3月国务院批复，同意设立中国（杭州）跨境电子商务综合试验区。政府和行业协会紧紧抓住设立中国（杭州）跨境电子商务综合试验区这一绝佳时机，统筹建立“杭州丝绸名品馆”。力求利用现有的丝绸网络平台，搭建一个既面向全国、又面向全球的，由政府授权使用“杭州丝绸地理标志”的有质量、价格监督保证的“杭州丝绸名品馆”，真正让杭州丝绸在“互联网+”的风口飞起来。

（二）面临的挑战

2014年，全行业经济运行基本平稳。但新常态下行业发展依然面临诸多挑战，品牌建设面临以下几个方面的问题。

1. 经济增长逐步减速换档

伴随着内外市场环境和要素成本条件改变，行业经济总量增长已开始从高速向中速逐步转变。行业纤维加工量、工业增加值、出口总额、利润总额等指标在“十二五”以来增速均明显低于“十一五”时期，且到2014年均已减缓至个位数增长。“十三五”期间，行业总量增速仍存在放缓空间，但随着内需潜力的逐步释放、产业结构调整和转型升级的深化，行业仍有望继续保持平稳发展。

2. 内销出口形势都较严峻

国际市场方面，2014年上半年世界经济复苏的态势弱于预期，下半年以来发达经济体持续复苏，美国经济增长强劲。但发达经济体经济增长总体仍较为疲软，短期内难以真正走出低谷，主要新兴市场经济体增速放缓。预计2015年世界经济将持续复苏，但难有大的改善。国内市场方面，坚持扩大内需仍是今后几年我国宏观调控政策的基本出发点，国内丝绸市场还有较大的增长空间，但无论国际和国内丝绸出口由于缺乏新的驱动力，短期内将难有好转。

3. 产业结构调整带来挑战

近年来，江苏、浙江、广东等东部沿海地区城市化进程加快，使得大量土地转化为城镇和工业开发区，沿海城市种桑养蚕的数量开始逐渐萎缩。随着国家“东桑西移”工程的实施，广西宜州、四川西昌、陕西安康、云南保山等地一批优质蚕茧生产基地相继建成，江、浙地区分别通过打造面料、服装和家纺等特色基地实现了产业结构的调整和升级。在新技术和新市场的引导下，东部地区原有缫丝生产逐渐转移到中西部地区，而丝织、印染、服装、家纺等制造业的核心业务越来越趋向于精、专、强，东中西部优势互补的区域发展格局已经基本形成。产业结构调整带来的巨大变化，必然促使产业组织和上下游供应链发生新的整合，如何正确定位、合理布局、形成最佳盈利模式，是当前企业面临的一个重要的选择。

4. 面临多重纤维挑战冲击

丝绸有着“纤维皇后”、“人体第二肌肤的美誉”，一直都是华丽高贵服装面料的首选。随着世界纺织科技的进步，石油价格的持续回落，化纤仿真技术的研究不断获得突破，全球化纤丝产量猛增，使得蚕丝等天然纤维不断受到其他多种合成纤维的冲击。目前高品质生丝价格在38万元/吨左右，是化纤丝价格的15倍，棉纱价格的30倍左右。丝绸在纺织纤维总产量的比重在逐步降低，并且预计未来很长一段时间内全球茧丝原料供应增长空间十分有限。真丝绸产品必须走高端品牌路线，不断提升附加值，否则极易造成资源浪费；同时，以生丝为基础的多元化真丝纤维复合材料将得到广泛应用，采取与合成纤维混纺、色纺、交织等重新组合和搭配的方法，改变丝绸的外观和内在品质功能，降低生产加工成本，同时丰富丝绸品种和花色。

5. 生产经营艰难成新常态

一方面，由于通货紧缩，导致主要工业品价格下降，工业企业产成品存货持续回升且大幅高于主营业务收入增幅；同时库存周转率下降，企业去库存压力加大，经营效益普遍下降。另一方面，除了传统的资金、用工、土地、运输成本上升外，企业在结构调整升级如环保、技改和节能减排等方面的投入明显增加，企业转型升级难度加大。企业生产成本居高不下、开工不足、内外销市场疲软、生产经营困难、分化加剧，这都将成为今后丝绸行业发展新的常态。

6. 生产要素比较优势削弱

随着我国劳动人口增长进入拐点，城乡居民就业偏好改变，使得劳动密集型行业的人力资源结构性短缺成为常态，用工成本连年快速提升，传统劳动力比较优势基本不复存在。同时，丝绸产品加工的周期性强，导致纤维原料供给的数量有限，企业生产刚性成本与缺乏竞争力的销售价格之间的矛盾时刻存在，如何有效破解要素制约和成本压力是行业面临的一大挑战。

四、中国丝绸品牌下一步发展方向

随着“互联网+”、“智能制造”和“工业4.0”时代的逐步融合，作为传统民族产业和劳动密集型产业，未来丝绸行业的低速稳定增长将成为新常态。全行业要深入挖掘丝绸文化内涵，突出把文化传承、科技进步、品牌建设、人才培养等发展战略重点落到实处，有针对性地化解内在结构性矛盾，把握好国内外经济发展的趋势和方向，努力从自身转型升级中获取更大的发展空间；同时要紧紧抓住国家“一带一路”战略历史机遇，不断改革创新，增加内生“造血”功能，力争在新的历史阶段实现可持续发展。

（一）坚持创新驱动行业转型升级

加强创新驱动是行业破解生产要素和资源环境制约，提升国际竞争力的根本途径，更是行业适应新常态发展的必然要求。一方面坚持设计创新与技术创新，加大产品设计研发力度与设计人才队伍建设，继续推进传统制造业与智能化、数字化、信息化的全面融合，从根本上解决影响产业高效发展的长期性、深层次问题。另一方面深化管理创新与营销创新，要把现代经营理念、经营模式融入到丝绸传统产业之中，特别是在商业模式创新上，丝绸行业还蕴藏着巨大的空间。另外，要在科技进步、产品开发、品牌建设、企业管理等重点领域加大投入，逐步完善创新体制和人才队伍培养机制，不断塑造企业核心竞争优势，使之成为驱动行业转型升级的新引擎。

（二）注重丝绸专业人才培养

加快科技创新与人才培养。推动行业科技创新公共服务平台体系建设，加大对企业自主创新和技改投入力度。完善国家丝绸科研体系，建立创新型产业集群和协同工作机制，集中人才、资金、研发等优势资源攻关，突破关键共性技术。支持高校开展丝绸织造、染整、设计、营销等专业建设，推动复合型人才培养及科研成果转化；

支持校企联合建立丝绸人才综合培训和实践基地，开展行业职工技能竞赛活动。帮助企业引进海内外高级人才，保障人才流动渠道畅通。

（三）深耕丝绸文化底蕴

中国是最早发明养蚕缫丝的国家。在最早的文字记载中，与桑、蚕、丝、绸及与之形态相似的甲骨文达到42个。《穆天子传》中也有关于周穆王“休于获泽，以观桑者，乃饮于桑林”的记载，可见古代中国产蚕丝之早。桑蚕织品在汉代达到高峰，出现锦、绢、绮三大类，品种和花色也十分丰富。其中作为丝绸代表的“锦”，将蚕丝的优秀性能与美学结合起来，让丝绸不仅成为高贵的衣料，并且赋予了其艺术的象征，极具文化内涵和历史价值。随着丝绸之路的兴起，丝绸随之传向亚、欧、非各国，成为东方文明的传播者和象征，中国也被称为“丝国”。在“一带一路”的大发展背景下，发展丝绸产业，唯有植根于深厚的丝绸文化，挖掘丝绸文明精髓，与现代时尚元素相结合，开发出高品质、时尚性的产品。

（四）积极拓展内销市场

针对内需消费结构升级加快，个性化、多元化取代数量扩张日益成为新的消费趋势特征，如何更好地满足消费者对丝绸产品时尚性、功能性、生态安全性、快捷消费等方面高品质要求，成为每个生产企业必须解决的课题。通过加强市场调研，推进上下产业链合作，消化吸收国际品牌运作经验，不断完善线上线下营销渠道，同时紧紧把握内销市场潮流趋势，加大对适销对路产品的研发设计力度，以差异化、个性化产品替代同质化竞争，以品牌优势赢得市场定价话语权，才能更好地适应内销市场发展的需要。

（五）巩固扩大国际市场

随着国际竞争格局调整重构，国际竞争更趋激烈。当前我国丝绸行业成本比较优势显著下降，参与国际竞争的压力凸显。应对挑战需要通过参与跨国研发设计、品牌渠道和原料及加工基地建设，以技术、人才高水平引进等方式，加快培育和创造新的国际竞争优势，彻底改变过去主要依赖生丝、坯绸等原料性产品出口的现状。以丝绸自主品牌创建为方向，逐步提高丝绸服装及制品的品牌附加值，使其成为开拓国际高端市场的重要力量。

第二章　羊绒行业

中国毛纺织行业协会

2015年以来，为适应中高速的经济发展新常态，减轻受国外经济复苏缓慢、国内消费动力下降所引发的对高档纺织服装需求减弱的不利影响，我国羊绒行业继续深化和推进资源整合与结构调整，以创新发展实现品牌效益最大化，依靠技术优势、规模优势、质量优势、品种优势、品牌优势维护行业的健康可持续发展。中国羊绒行业将在国家“一带一路”战略框架指引下，依托“丝绸之路”商贸大通道，以创新助力纺织行业从大国走向强国。

一、羊绒行业整体发展情况

（一）经济运行总体平稳

根据国际毛纺织组织统计资料，近年来全球山羊原绒产量基本维持在25000吨左右，中国依然占有绝对资源优势。2013年国家畜牧业统计全国山羊原绒产量为18114吨，其中主要集中地内蒙古占43.6%，陕西占9.5%，新疆占6.8%，辽宁占5.5%。目前国内羊绒加工企业已发展到2600多家，主打产品羊绒衫年加工能力达2000万件以上，占世界总产量的2／3以上，加工第一大国地位不可撼动。据海关统计资料显示，2013年和2014年羊绒类产品（包括无毛绒、羊绒纱、粗梳羊绒织物、羊绒衫、羊绒围巾）出口总额分别为16.06亿美元和14.73亿美元。近两年羊绒加工企业努力克服原料价格波动、劳动力成本上升、环保压力增大及消费能力下降所带来的困难，保持了行业平稳发展态势。据主要羊绒产业集群调查，企业的工业总产值较上一年度平均提高了10%，主营业务收入有不同程度提高，销售利润率平均达到6%，但是不可忽视的是企业盈利能力差异较大，有喜有忧，品牌企业盈利能力较强。

（二）产业布局趋于集聚化

羊绒产业经过不断的整合、提升，逐步发展成以内蒙、宁夏、河北、江浙为主要加工基地的山羊绒产业大布局。“国家西部大开发战略”成为内蒙古以山羊绒、羊毛原料为优势的特色产业实现跨越式发展的重要契机，其中鄂尔多斯市、呼和浩特市、包头市、巴彦淖尔市、赤峰市等地都具备了较好的产业基础，与蒙古国接壤的二连浩特成为我国山羊绒原料进口的重要口岸，并带动了周边锡林郭勒盟苏尼特右旗等地区的绒毛产业创新式发展。宁夏羊绒产业已发展成为全国乃至世界重要的山羊绒流通聚集地和羊绒初级加工产品出口基地，在原料集散的基础上，形成了集山羊绒分梳、绒条、纺纱、毛针织、精粗纺面料为一体的生产加工产业链。清河羊绒经过三十多年的培育发展，目前已形成种羊繁殖、原绒采购、分梳、纺纱、针织、制品、服饰、染整、电子印花、现代展销等完整的产业链条和完善的产业集群协作配套体系，在专业市场发展的同时，借助电子商务的崛起，清河羊绒及绒毛制品（服饰）改变传统的销售模式，销售渠道由单一向多元化转型得以极大拓展。江浙等地的羊绒企业则以国内市场为切入点，凭借与知名设计师的合作，在羊绒服饰产品时装化、时尚化发展道路上做出有益的尝试，以款式花色的不断创新和完善的服务拓展市场份额。

（三）出口情况

1. 无毛绒

受近两年国内无毛绒价格下滑影响，出口单价也有所下降（表2-1）；数量减少一方面反映了需求下降，另一方面国内企业更注重附加值相对较高的产成品出口。截至2015年8月无毛绒对英国、日本、中国香港的出口数量同比分别下降了20.13%、33.58%、27.24%。

表2-1　2013~2015年我国无毛绒出口情况

年份	累计数量（千克）	累计金额（美元）	累计单价（美元/千克）
2013年	2816173	283714451	100.74
2014年	2360088	228486864	96.81
2015年1~8月	1350780	121374803	89.86

2. 羊绒纱

与2013年之前相比，需求明显减弱，特别是精梳纱线在2014年出现大幅减少，主要出口国日本和美国需求下降尤为突出（表2-2）。但是东盟国家对纱线的需求量逐渐增多，进一步表明该地区的后道针织能力不可小觑。

表2-2　2013~2015年我国羊绒纱出口情况

年份	品类	累计数量（千克）	累计金额（美元）	累计单价（美元/千克）
2013年	精梳	1230919	161848465	131.49
	粗梳	2384357	316242602	132.63
	手编	147207	13638418	92.65
2014年	精梳	542112	78314672	144.46
	粗梳	2203628	305697565	138.72
	手编	113610	10068180	88.62
2015年1~8月	精梳	618871	80620528	130.27
	粗梳	1576221	208242514	132.12
	手编	51743	5318394	102.78

3. 粗梳羊绒织物

虽然稳中有升，但第一大出口国俄罗斯下降较多，达到57.46%，年底可能会有好转，对土耳其、蒙古国的出口增长较多（表2-3）。

表2-3　2013~2015年我国粗梳羊绒织物出口情况

年份	累计数量（米）	累计金额（美元）	累计单价（美元/米）
2013年	643610	19833712	30.82
2014年	788859	20795579	26.36
2015年1~8月	376271	12025674	31.96

4. 羊绒衫

需求相对平稳，价格波动较小，主要是贴牌出口，产品性价比相对比较成熟（表2-4）。截至2015年8月美国、日本出口数量同比下降了5.1%、24.73%，欧盟下降幅度大约为20%，中国香港同比增加了9.45%。

表2-4　2013~2015年我国羊绒衫出口情况

年份	累计数量（件）	累计金额（美元）	累计单价（美元）
2013年	17854629	683248148	38.27
2014年	18297549	697290043	38.11
2015年1~8月	9983055	368430113	36.91

5. 羊绒围巾

需求不断提高，特别是机织围巾更受青睐（表2-5）。截至2015年8月美国、日本出口数量同比下降了14.13%、4.56%，马来西亚、中国香港、英国需求猛增。

表2-5 2013~2015年我国羊绒围巾出口情况

年份	品类	累计数量（条）	累计金额（美元）	累计单价（美元）
2013年	针织	1514586	36659832	24.2
	机织	3188056	91665318	28.75
2014年	针织	1642995	40090811	24.4
	机织	3206276	92306293	28.79
2015年1~8月	针织	800875	24734070	30.88
	机织	2538777	73344956	28.89

（四）国内市场

近两年国内市场羊绒产品的销售已经不局限于单品类，更多服装品牌增加了以针织为主、梭织为辅的羊绒产品，更加突出了品牌价值。

据统计全国重点大型零售企业羊绒及羊毛衫销售情况如表2-6所示。

2014年销售前10名的品牌是：鄂尔多斯、珍贝、米皇、鹿王、梦特娇、皮皮狗、金利来、皮尔卡丹、帕罗、雪莲。

随着商业模式的不断创新，网购已经成为年轻一代的消费习惯，据问卷调查统计，目前大多数有终端产品的羊绒企业都开辟了电子商务，年销售额均有不同程度的增长。线上、线下销售的产品有较大区别，配饰类如围巾、披肩、帽子手套等以及价格较低的中低端产品线上销售较好，高端品牌产品的实体店更受消费者信赖。

二、羊绒品牌发展现状

（一）原料品质相对稳定

2012年至2014年，连续3年的山羊绒公证检验中，山羊原绒平均直径变化不明显，分别为15.6μm、15.6μm、15.5μm。

据中国纤维检验局2014年度羊绒公检质量分析报告，我国白山羊原绒质量总体平稳，指标略有变化。平均直径为15.5μm，同比下降了0.1μm；手扯长度为42mm，与上一年度持平；洗净率为69.43%，增加了0.28个百分点；净绒率为49.66%，增加了0.86个百分点。型级按新标准规定，平均型级为特细型特等（2013年度按旧标准为细型二等）。平均直径最小的产地是青海省，为14.7μm；平均直径最大的产地是辽宁省，为16.0μm。白山羊原绒所占比例最大的是特细型，占比46.38%；最少的是超细型，占比仅为2.38%。紫山羊原绒质量有所下降，长度下降明显。平均直径为15.1μm，同比增加了0.1μm；手扯长度为39mm，下降了2mm；洗净率为64.30%，下降了6.50个百分点；净绒率为44.59%，下降了1.78个百分点。型级按新标准规定，平均型级为特细型一等（2013年度按旧标准为细型二等）。内蒙古和青海省产的紫山羊绒平均直径为15.4μm，粗于全国平均直径；西藏地区产的紫山羊绒平均直径14.3μm，细于全国平均值。紫山羊原绒所占比例最多的是特细型一

表2-6 2013~2015年全国重点大型零售企业羊绒及羊毛衫销售情况

年份	销售量（百件）	同比增长（%）	销量占整体服装比重（%）	比重相比上年同期变化（百分点）
2014年	172612	-12.1	4.0	下降0.3个百分点
2015年1~8月	96115	-4.8	3.1	下降0.5个百分点

等，占比75.82%；最少的是超细型特等，占比仅为24.18%，全部产自西藏。

近年来，牧业生产方式对山羊绒品质产生了较大影响。2012年至2014年，连续3年的羊绒公证检验中，山羊原绒平均直径变化不明显，分别为15.6μm、15.6μm、15.5μm。但是，超过15.2μm的山羊绒在国际市场上缺乏竞争优势。由于人工成本不断增加，部分地区为了降低成本、提高效率，用剪绒替代传统抓绒，且呈逐渐扩大的趋势。受获取原绒方式改变的影响，山羊绒长度也呈现变短的趋势。进入分梳加工环节，分梳的遍数增加，分梳绒的出成率降低，长度进一步变短，严重破坏了山羊绒资源。因此，在绒山羊产区建设优良品种生产基地，推行标准化、集约化、产业化生产，改变传统粗放的山羊绒生产经营模式，在品种繁育上引导恢复我国绒山羊的优良品质已势在必行。

（二）产品结构多样化

随着经济全球化和国际羊绒制品市场一体化的到来，人们收入水平不断提高，关注生活品质的消费占比上升，追求健康、品质的价值观念以及与国际都市时尚着装文化的融合，使消费者对羊绒制品的需求无论在数量上还是质量上都有了更高的追求。羊绒制品是名贵典型的纺织品，深受国内外消费者的喜爱，因此对羊绒制品的个性化、舒适化、品牌化和时尚化追求成为调整产品结构的导向。

随着行业技术水平的逐步提高，使得一批拥有高水平且工艺成熟、生产规模较大的企业在竞争中发展壮大，能够生产的产品种类越来越多，产品差异化逐渐显露，产品创新成为企业品牌发展的有效方式。近年来，羊绒制品由针织发展到机织、梭织；纱线结构由粗纺、纯纺延伸到精纺和多组分混纺或交织；产品用途从服装到家纺、饰品；产品风格也发生着微妙的变化，服装时尚化、风格特色化、产品全系列化成为发展趋势。因此为了满足广大消费者的消费需求，羊绒行业必须尽快推进产业全面升级，实现羊绒制品向时尚、高雅、品牌、质量的方向发展，提高羊绒制品在国际市场的竞争力、知名度和市场占有率，使中国羊绒产业不断地向国际化延伸。

（三）技术不断创新

近年来，羊绒分梳技术不断改进提升，已达到国际领先水平。新型羊绒分梳机重点解决了剪羊绒代替手工抓绒所造成的原料混杂、粗毛含量高的问题，解决了收购不分等级造成的原料品质差异大的问题，使分梳一次提取率达到70%以上，减少了对纤维的损伤并使纤维长度及离散得以改善，对羊绒资源的合理使用发挥了重要作用。羊绒精纺纺纱技术逐步引进、融合紧密纺、赛络纺技术，提高了纱线条干、强力和可织造性能，改善了起毛起球服用性能。羊绒粗纺纺纱技术重点攻克了山羊绒与羊毛、桑蚕丝、棉等天然纤维混纺技术和工艺，提高了梳毛机生产效率，扩大了可纺支数范围，使纱线品种更加丰富。电脑横机性能的持续改进和提高，不仅使生产效率大大提升，产品质量更趋稳定，更满足了设计创意的需求，顺应了羊绒制品时尚化、个性化、多品种的市场化需求。

（四）品牌发展调查情况

羊绒加工行业经过三十多年的发展，企业不再满足于为国外品牌做加工，而是在研发上下工夫，致力于开发拥有自主知识产权的产品，提高产品的科技含量，提高附加价值，培育国际知名品牌。据中国毛纺织行业协会山羊绒专业委员会问卷调查统计，近两年羊绒加工企业基础能力较为稳固：经济运行平稳，企业销售收入平均增长

4%，资产负债率平均为56%，企业规模不变的情况下用人逐步减少，进一步表明行业劳动生产率逐步提高。企业品牌管理能力稳步提升：多年来中国羊绒业经历了从规模很小到门类齐全、品种丰富的快速发展时期，产生了一大批自主品牌，培育了一批中国驰名商标和地方名牌，2014年羊绒类产品新增中国驰名商标2个，总数达到26个。同时企业更加重视维权和打假，通过设立市场监管部门，加强知识产权保护和打击假冒商标、产品等侵权行为，保护品牌的合法权益。调查问卷显示，80%企业建立了快速反应体系，90%企业通过了ISO 9001质量管理体系认证，企业全部拥有内部实验室。企业品牌创新能力进一步增强：企业拥有的专职研发设计人员稳定，研发设计投入占销售收入的1.6%，高于全行业1%的平均水平，新产品销售收入占销售收入的15%，企业不再局限于秋冬产品，而是四季皆有，羊绒纯纺与混纺并存，大企业更加重视专利的申请与保护。品牌市场能力内强外弱：企业开拓内销市场能力愈发增强，经营模式多样化，网上销售日益火爆，而以自主品牌挂牌销往国外的企业并不多，在国外建立销售网点更不是每家企业有能力做到的，可喜的是目前大多数企业在策划品牌建设的国际化战略，个别大企业已经实施并见成效。品牌宣传推广渠道多样化：无论是广告宣传还是展览展示、现场促销、行业评选都是宣传企业的手段，每年企业为之付出的费用虽然不是品牌建设投入的最高项目，但基本都是固定支出，近两年该项支出较前几年有所缩减，企业品牌建设投入最高的是研究开发，表明企业更加重视自身能力的培养，着力于练好内功。

三、产业发展面临的机遇与挑战

中国羊绒业经过改革开放三十多年的发展，已经从世界第一羊绒资源大国发展成为世界羊绒生产、加工、销售和消费第一大国。

进入“十二五”时期，由于国际国内经济环境变化，众多羊绒企业更加注重自主品牌的延伸与拓展，中国羊绒业逐渐从规模数量型增长向品牌经营型拓展，产品品牌开始向多元化、差异化发展，区域品牌向特色化、优质化发展。如鄂尔多斯等羊绒企业开始将羊绒单一品牌向全系列羊绒时装品牌延伸，形成定位清晰、发展方向明确的品牌家族，开始致力于世界品牌的打造。中国羊绒产业逐渐成为了集制造、商业和创意为一体的综合产业，已从产品加工时代、品质保障时代发展到了品牌建设运营的全面建设的新时期，正从“世界羊绒制造大国”向“世界羊绒品牌强国”迈进。

但近年来，纺织行业所面临的内外部形势变得越来越复杂，既存在着国际经济逐步回暖、国内全面深化改革等有利条件，也存在着内需增长不足、国际竞争加剧等诸多风险因素。行业促增长、调结构和提质增效的任务依然艰巨。纺织行业原有的生产模式已经难以为继，新的模式还在探索形成过程之中，行业发展的机遇与挑战并存。

（一）羊绒产业发展优势及机遇

经过三十多年的发展，中国羊绒行业在原料掌控、技术研发、品牌影响力以及渠道建设和网络营销等方面已形成了自身优势。

1. 羊绒产业发展优势

原料掌控优势：我国是世界上最大的绒山羊生长地区和山羊绒生产加工大国，且因其独特的地理位置和自然气候，成为了其他国家和地区无法比拟的优质山羊绒原料产地优势。

技术研发优势：中国羊绒企业建有国家认定企业技术中心、国家羊绒制品工程技术研究中心、博士后科研工作站、国家认可实验室以及国内一流水平的中试基地，拥有高素质的科技研发及工程技术队伍，构建起完善的科技创新平台与新产品研发体系。

产品设计优势：国内羊绒企业在产品设计方面，开始尝试与国际接轨，逐渐形成了羊绒产品设计优势。通过引进国际高端设计理念、聘请国际著名设计大师、在海外设立国际化设计团队，进一步满足市场细分要求，提升品牌定位和市场占有率，推进品牌国际化进程。

营销渠道优势：目前国内羊绒产业已建立起完善的营销体系，尤其个别大型的羊绒企业集团，在国内已建立了以旗舰店、精品店（厅）、服装专店（专厅）、羊绒专店（专厅）有机配合的综合性营销网络，已覆盖了全国大中城市及周边城镇。国内电子商务蓬勃发展，未来网络营销业务增长潜力巨大。国际市场方面，有的企业已基本形成覆盖二十多个国家和地区的营销网络框架。

2. 羊绒产业发展机遇

世界经济缓慢复苏，为中国纺织工业加快走出去和提升跨国配置资源能力，构筑以中国为主的跨国现代产业链和价值生态系统提供了有利时机。

全球金融危机以来，世界经济复苏缓慢，影响了中国纺织产品的出口，但也带来了历史机遇。由于中国羊绒纺织服装产业技术、制造体系和中国品牌在本土表现出色，一些羊绒自主品牌开始走出国门，逐步进军国际市场。

中国作为世界第二大经济体所特有的产业综合配套实力、资源条件、内需活力，特别是实施《中国制造2025》规划等，为中国羊绒纺织工业创造了产业升级的有利时机。

一些主要发达国家"再工业化"过程不得不花工夫、花力气消化以往"去工业化"所造成的产业结构缺失和克服经济缓慢复苏所带来的种种制约，这为中国抢占"第三次工业革命"先机，加快纺织强国建设提供了有利时机。作为纺织服装业的分支，羊绒纺织产业已经具备产业升级的现实基础和有利环境，只要抓住全球新的工业变革时机，就有望在今后5~10年实现由大变强的目标。

中国与先进工业化国家同步进入以"互联网+"、大数据、云计算为标志的云经济时代，这是整合跨国创新资源，探索创建有中国特色的产业价值生态系统，扩大产业价值新增长空间的有利时机。

（二）羊绒产业发展面临的挑战

1. 国内外市场形势复杂

受宏观经济走势以及行业发展大环境的影响，羊绒外销、内销两个市场形势依然严峻。随着羊绒工业的发展以及人民生活水平的提高，羊绒制品正在逐步迈向平民化，消费需求逐年扩大，很多国家的制造商也在致力于打造低价位羊绒衫，将其毛衣工业设置到低成本国家，低价位使欧盟的羊绒衫进口迅猛增长。在法国巴黎国际服装批发商展设立的纯羊绒制品展会上，参展商推出了100%纯羊绒的针织衫，以每件售价17.5欧元卖给零售商；零售商随后将这些衣服卖给消费者的价格为每件30~40欧元。同时，GAP、贝纳通、ZARA和MANGO等时装品牌推出了售价几十欧元的羊绒混纺产品。在巴黎100%纯羊绒套头衫被卖到每件17.50欧元。低价位羊绒制品使加工行业的利润率越来越低，对行业发展影响较大。

2. 产业转型升级势在必行

随着代工业务部分向东南亚国家转移，内销市场羊绒与其他服装产业的边界逐渐模糊、越来越多的国际服装品牌进军羊绒产业，经营风险逐渐加大。在原料区位优势、劳动力优势和环境优势逐步消失的情况下，拼数量、拼价格的模式已难以为继，企业只有加强产业链各环节的能力建设，发挥产业链的规模和协同优势，加速产业转型升级。

3. 行业节能减排需求紧迫

随着国家对环境污染治理工作的加强，倒逼企业必须重视节能减排与环境保护，《纺织染整工业水污染物排放标准》（GB 4287—2012）中明确规定：从2015年1月1日起全部按新建企业水污染物排放浓度限值及单位产品基准排水量执行，这是史上最为严格的法规，面对环保压力要大力开展节能减排新技术的研发、环保染整技术的推广、新型污水处理技术的应用等，这是羊绒行业义不容辞的社会责任。

4. 组织体系需进一步优化

当前，国内羊绒企业生产系统对市场变化的应对能力还较低，为进一步理顺从原料到销售产业链流程，提高整个产业链对市场需求的快速反应能力，须进一步优化组织体系，进一步优化流程，提高生产效率和市场化运作水平。

四、羊绒自主品牌发展展望

（一）发展趋势和方向

改革开放以来，中国羊绒自主品牌历经了品牌的萌芽创建、探索发展和成长时期，品牌建设取得初步成效，但与中国羊绒资源的国际地位仍不匹配，与大的国际羊绒品牌还有差距。但中国羊绒自主品牌的发展空间和市场潜力巨大，市场环境日益优化。纵观羊绒行业发展趋势，羊绒自主品牌必将走上国际化及时装化进程。

1. 加快羊绒自主品牌的国际化进程

我国羊绒行业出口额较大，但是利润微薄，羊绒纺织企业的竞争优势主要体现在数量和劳动力价格上，但随着经济的发展及近年来人民币不断升值等因素影响，羊绒企业的各种成本不断上升，原有的劳动力价格优势在不断减弱；金融危机更是使得羊绒企业订单逐年减少，不少企业外销方面处在亏损的边缘。造成这一现象最根本的原因是在国际市场没有打造出自己的羊绒自主品牌，只是单纯的加工环节，即贴牌生产，缺乏品牌和终端市场，只是依靠劳动力价格优势赚取低廉的加工费用。

中国的羊绒企业想要发展壮大，并保持长久的竞争优势，就要从制造商阶段到达品牌商的阶段。在整个价值链上，生产企业的利润微薄，而品牌占据着价值链的最高端，是所有知识产权的浓缩和体现。中国羊绒业必须加强自主品牌的建设，形成品牌优势，提高品牌国际竞争力。在经济全球化的今天，品牌决定着不同国家在全球产业价值链中的地位，一个国家拥有的品牌越好，它对价值链的主导力越强，在财富分配中的位置越有利。在世界500强企业中，美国几乎占到50%，正是这些优秀的跨国公司和其所属的全球品牌，奠定了美国当今的强国地位。所以，我国羊绒行业要想摆脱目前困境，就要从价值链低端转向价值链高端，从生产加工环节转向实施品牌战略，创建有自主知识产权的国际品牌。

2. 羊绒服装时尚化发展趋势

随着经济全球化和国际羊绒制品市场一体化的到来，人们收入水平不断提高，关注生活品质的消费占比上升，追求健康、品质的价值观念以及与国际都市时尚着装文化的融合，使消费者对羊绒制品的需求无论在数量上还是质量上都有了更高的追求。在欧洲，羊绒以高贵的形象在消费者心里出现；而在中国，由于经济发展的原因，20世纪80年代羊绒最初进入市场时，人们的消费意识和价值观比较朴实，较多注重羊绒服装保暖、舒适的服用性能。如今，随着社会的发展及整体生活水平的提高，羊绒服装的消费群体年龄层不断拓宽，不断趋于年轻化，根据不同年龄层消费者的生活方式、意识形态、文化素养、教育背景等社会现象，要求羊绒服装设计更加注重个性化、时尚化、高档化的需求，羊绒服装已成为一种以高档原材料为设计基础的高档时装。羊绒自主品牌建设，更注重设计、款式的时尚感，创立属于品牌自身的特点、风格，迎合消费者追求时尚、个性的消费心理，并形成了羊绒服饰的四季产品，打破了羊绒服装只做秋冬装的传统消费观念，为自主品牌赢得了更广泛的消费群体。

（二）发展要点

1. 提升技术创新能力

自主品牌必须具备良好功能的产品载体和服务，体现品牌形象和品牌竞争力，而良好的产品和服务的核心来源于其领先技术且不断创新的核心产品，具备强大的自主开发能力，形成自主知识产权的核心技术，成为企业竞争最根本、最关键的竞争力。自主品牌建设必须加强以自主知识产权为基础的持续性的技术创新，要充分利用业内及相关行业的各领域先进技术，不断提高羊绒加工技术、加工工艺以及加工设备等的先进性，通过自主研发拥有自己的核心技术，提高羊绒自主品牌产品的附加值，满足不同类别、不同程度、不同方面的各种消费需求，迅速占据国内及国际较大的市场份额，为羊绒自主品牌的健康迅猛发展提供动力。

2. 牧工贸一体化

近几年，我国各大羊绒加工企业都在草原牧区积极兴建羊绒生产基地，开展牧工贸联合，构建起企业与农牧民的利益共同体。这种新型羊绒产业化模式以羊绒产业链为纽带，把羊绒加工企业的发展战略同农牧民的切身利益联系在一起。羊绒加工企业为羊绒生产基地和牧业生产投入大量资金，农牧民为加工企业提供质量优等的羊绒，从而形成了良性循环的产业格局，实现了工、农（牧）业的双赢。因此，实现“企业+基地+牧民”的羊绒产业化模式，充分发挥羊绒生产基地的作用，实现羊绒养殖业和加工业的协调发展，是今后羊绒产业发展值得探讨的方式。

3. 强化知识产权保护

企业作为技术创新和市场竞争的主体，对技术等智力资源的创造、占用和运用，已成为企业取得竞争优势的关键因素。企业通过拥有知识产权，使其技术优势、品牌优势转化为市场竞争优势。自主品牌对某知识产权的独占，法律赋予其对自己的劳动成果享有专有权利，未经专利人许可，任何单位和个人不得实施该专利，因而自主品牌在发展过程中，一定要将其对商标的排他性延伸至更广泛的技术、设计领域，避免同行通过技术、设计等方面的抄袭对市场造成不正当竞争，有效地保护自主品牌的品牌形象和利益，同时也是起到规范市场的积极作用，为消费者提供保护。另外，自主知识产权能够构成其他竞争者进入市场的障碍，这种技术优势能够用来提高竞争者进入成本或以其他方式阻碍潜在竞争者作出投资市场的决策，使得自主品牌占领市场支配地位，掌握行业内的市场掌控权。

4. 提高产品品质

品牌的共同特征之一是产品品质超群。要想羊绒自主品牌有长远发展，一定要以产品品质为保障。服装产品的功能和质量是其存在的基石，它们共同构成品牌活力的物质基础，是顾客认识品牌、熟悉品牌、接受品牌、忠于品牌的最根本、最直接的原因。作为一种大众化的消费品，由于服装产品生命周期短、服装流行趋势快、产品更新换代快等特点，服装产品的质量和功能显得尤为重要，因为这是消费者二次购买甚至多次购买的直接因素。很多国际知名品牌正是凭借其优异的产品质量及永无止境的创新而不断生存和发展壮大的。所以在服装企业创建自主品牌的战略过程中，品牌的质量管理占有突出的地位。

5. 重视品牌文化建设

在面临环保和竞争环境严峻的情况下，世界羊绒产业的竞争逐渐由产品质量竞争发展为个性服务和品牌价值的竞争。意大利、英国、法国等国家不产羊绒，却拥有世界羊绒顶级品牌。而中国羊绒行业虽然已有几十个知名品牌，但“走出国门”的自主品牌却寥寥无几。文化是品牌核心的重要构成部分，优秀的品牌是靠优秀的文化支撑的，品牌价值内涵的提升也是如此，品牌的文化内涵、文化特色，形成差异化、个性化品牌。同时，企业文化是与时俱进的，是动态的文化，品牌文化也要在企业文化的指引下不断地迎合消费者需求，从这个角度讲，企业文化的建设完善甚至变革都是自主品牌保护的有力措施。

羊绒行业是中国的特色产业，羊绒行业的健康发展关系到民族产业的兴衰，关系到我国在世界羊绒行业的主导地位。中国毛纺织行业协会为联合业内相关企业、院校、检测机构，于2015年7月成立了山羊绒专业委员会，其宗旨是加强业内经济合作和技术交流，致力于维护国家、会员单位和广大消费者的合法利益，保护民族工业，为会员单位的共同合法权益服务。充分发挥中国的山羊绒资源优势，促进山羊绒产业技术进步和升级，提升我国山羊绒品牌在国际市场的竞争力，全面推动中国山羊绒产业持续、健康发展。

附件　羊绒行业自主品牌建设案例

1436：打造顶级小山羊绒奢侈品

鄂尔多斯是中国羊绒行业的风向标、中国时装行业的领军品牌。经过三十多年的发展，现已形成了由“1436”奢侈品牌、“鄂尔多斯”高端羊绒服装品牌、“BLUE ERDOS”年轻时尚女装品牌及“奥群羊毛衫”品牌组成的各自定位清晰、发展方向明确的品牌家族。2015年品牌价值达807.15亿元，连续多年位居中国服装品牌第一位。

近年来，鄂尔多斯通过产品国际化设计、品牌国际化宣传等措施，不断培育和推广系列自主品牌，并以中国纺织服装行业第一品牌开始向世界名牌发起冲击。期间，成功培育出国内第一个顶级小山羊绒奢侈品牌1436，向世界展示了民族自信，与世界分享了传统与时尚结合的温暖。

“1436”是以全球最珍贵的细度为14.5μm以下、长度为36mm以上的羊绒纤维为原料，加以最顶尖的设计、极为精致的工艺打造而成的鄂尔多斯顶级品牌。2008年1436成为中华国宾礼，多次赠与海外元首，成为连接中国与世界友谊的纽带。

一、品牌故事：缘起慈善

2005年，在鄂尔多斯集团举办的VIP晚会上，鄂尔多斯集团将用于研发的最好的羊绒材料做成10件善品进行拍卖。由于10件羊绒衫的超凡手感和极高的规格，立即在这些深谙羊绒之道的VIP客人中引起轰动，每件衣服的成交价惊人，拍出百万高价，并将善款全部用于云南希望小学的建立。出乎意外的拍卖结果，充分展示了消费者对卓越品质的认可及强烈诉求，这为1436品牌的诞生打下了基础。

2006年，集团董事长的女儿王臻正式创立了1436品牌，以世界顶级羊绒规格命名——平均细度为14.5微米以下，长度达36毫米以上，代表品牌对卓越材质的严苛态度与完美追求。

二、品牌基因：稀缺性、极品质

（一）稀缺的原材料选择

1436羊绒原料到底有多稀缺？行业内虽统计口径略有不同，但“三个百分之一”基本被大家认可。以2014 年数据为准，全球化学纤维产量大约为1亿吨，羊毛产量为其百分之一，大约为110万吨；羊绒产量为羊毛的百分之一，大约为1.2~1.3万吨；能满足1436标准的原绒约为羊绒产量的2%，约为240~260吨。原绒至无毛绒平均出成率为45%，而所产无毛绒又只有40%的头道绒符合1436 品质的要求。

鄂尔多斯阿尔巴斯地区是1436品牌主要的原料产地。东经 105° 、北纬 40° 这片丰沛的土地上，独特稀有的阿尔巴斯小山羊是造物主赐予我们的瑰宝，其绒细软珍贵，堪称稀世之珍。1436用绒仅采阿尔巴斯周岁小山羊的肩部和体侧，一只小山羊的绒一生仅能采集一次。

品牌建立开始，1436从未停止对牧民正确养殖和采绒的教育辅导及对草原生态的可持续性发展的保护，保证阿尔巴斯小山羊在代代牧民的精心呵护下繁衍生息。同时，为更好地保证原绒品质，1436 在鄂尔多斯市鄂托克旗实施 “1436 山羊绒品质工程”，与当地政府一起建立了保护区，建立起一整套阿尔巴斯白绒山羊种羊繁育、羊绒收购检验、无毛绒加工等产业链条，从源头奠定了1436 特有的品牌基因。

（二）精湛的生产工艺保障

1436团队有着深厚的匠心情结，对羊绒传统手工艺有着深厚的情感和传承的使命感。生产1436的产品是一项考验耐心的纯手工作业，对工人的要求极高。

鄂尔多斯集团经过三十多年的发展，培养了一大批人才，积累了丰富的技术管理经验。起初，1436通过建立专业的技术团队和生产团队，做到了产品质量的严格把控和工艺技术的严格审核，实现了顶级产品的完美生产。目前，1436臻品羊绒可以将1克羊绒纺织成100米的极细纱线，属于行业内高水准纱线，甚至可以达到120支纱的顶级标准。在水溶纤维伴纺下，甚至可达200米，拥有如云朵般的轻柔质感。染色方面，每年推出专有色彩，自品牌创立至今，已研发出400多种小山羊绒专有色彩。针织方面，1436小山羊绒提花工艺巧夺天工，以多根纱线交错组成的凹凸花，就像一件艺术品，需要由超过十年经验、技术纯熟的专业羊绒工艺师精心创作。

（三）雄厚的技术研发力量支持

1436品牌的母公司鄂尔多斯羊绒集团拥有成熟的研发平台和雄厚的技术研发基础，给1436品牌产品的设计、研发提供了强有力的技术支撑。技术中心成立于1997年，2001年被评定为“国家认定企业技术中心”，2002年12月国家科技部批复组建“国家羊绒制品工程技术研究中心”，于2006年8月通过科技部验收正式挂牌。2008年全国纺织品标准化技术委员会羊绒制品分技术委员会秘书处、2015年中国毛纺织行业协会山羊绒专业委员会秘书处均在技术中心设立。2002年设立博士后工作站，与国内多所大学院校建立了较为稳定的产学研合作机制。

截至2014年年底，累计完成研发项目269项，完成科技成果153多个，开发出新技术、新材料产品220多个品种。申请国家专利231项，获得授权148项，其中具有自主知识产权的发明专利9项、实用新型专利9项；主持制定了国际标准1项、国家和行业（协会）标准16项、企业标准39项，承担国家重点新产品11项、国家火炬计划5项、国家科技支撑计划3项、国家863计划1项，有12项成果获得纺织行业及省级以上科技进步奖，成功举办了六届“国际山羊绒检测技术研讨会”。

1436品牌创立至今，技术中心一直给予专业的和前沿的技术支持，保证了品牌科技内涵的不断提升。近年来，技术中心先后为1436提供高支精纺纺纱技术、数码印花技术、吊印复合技术、后整理技术等多项技术支持，造就了顶级品牌的极品品质。

三、国际化的创意品牌设计

为尽快与国际接轨，1436品牌在产品设计方面引进苏格兰的格雷姆·布莱克担任创意总监，他曾于John Galliano 的工作室学习，并先后在Giorgio Armani、Salvatore Ferragamo 等时尚品牌担任创意总监。同名品牌Graeme Black 也备受皇室、名媛与明星的追捧。他的设计不随波逐流，天马行空的灵感以及对工艺细节的追求，使他在设计与材质间的关系掌握得恰如其分。格雷姆·布莱克成为1436臻品羊绒的创意总监后，以他杰出的艺术创作颠覆人们对羊绒的传统印象，创造出了羊绒服饰多元化的形象。

2014年7月，1436受邀出席“2014爱丁堡国际时尚庆典”，并非常荣幸地成为开幕首秀品牌。这场中国与苏格兰顶级羊绒工艺融合的大秀，展现了两国的传统羊绒手工艺和文化。大秀在历史悠久的苏格兰国家博物馆内举办。借由鄂尔多斯顶级工艺师及苏格兰老奶奶的巧手，我们在苏格兰国家博物馆里，展示了羊绒的文化底蕴和艺术魅力（附图1、附图2）。

附图2　1436羊绒服饰展示2

四、中华国礼的尊贵

2007年11月，胡锦涛主席在内蒙古鄂尔多斯市视察时充分肯定了鄂尔多斯集团创建世界品牌的决心，并高度赞扬1436羊绒服饰的精湛工艺，亲自指示1436向国务院办公厅递交作为中华国宾礼的正式申请。经过一系列严格的审核，2008年，1436最终成为中华国宾礼。

2008年4月，伴随国家主席访日的“暖春之

附图1　1436羊绒服饰展示1

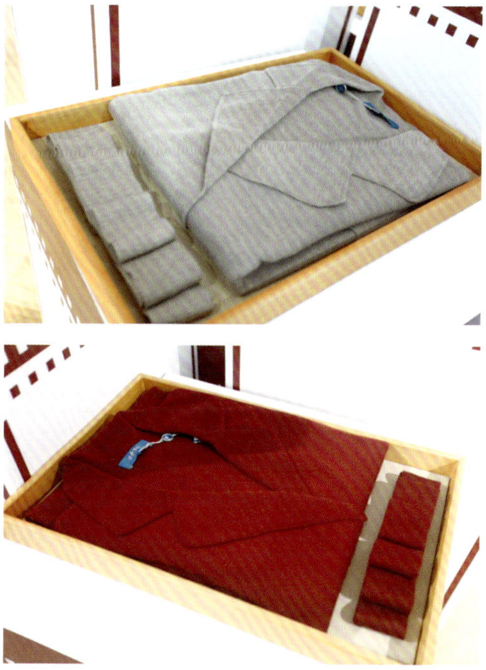

附图3　1436羊绒服饰新产品

旅”，1436开始了“中华国宾礼”的荣耀使命。在这次行程中，1436温绒华贵的睡袍，被作为“国家的礼物”赠送给天皇夫妇，成为了连接中国与世界友谊的纽带。

2013年G20会议，1436的羊绒披肩分别被送给了美国总统奥巴马夫妇和法国总统萨科齐全家，同时，1436的羊绒毯则被送给巴西总统罗塞夫。

2014年APEC会议，1436成功入选为APEC领导人配饰。入选配饰采用与领导人服装一致的经典中国红、中国蓝，选取“江崖海水”纹，与世界共享了传统与时尚结合的温暖。

国家选择1436的羊绒服装作为国宾礼，用最珍稀的礼物和最温暖的情谊款待最尊贵的客人。1436向世界分享了国人极品生活方式，传递了温情友好的中华情谊（附图3、附图4）。

五、国际顶级羊绒精品品牌的品牌愿景

通过9年稳健的发展，1436在全国已经拥有40家精品店。我们衡量成功的标准不是数量，而是是否符合我们的定位，是否为我们品牌的成长做了加法。于我们而言，过去的成绩是对我们坚持的肯定，并给予我们继续走下去的信心。1436将继续坚持极致的品质、精湛的工艺、国际视野的设计创新，将其打造成为国际顶级羊绒精品品牌。

附图4　2014年APEC会议期间领导人合影及1436羊绒服饰新产品

CLSELF习朗

羊绒作为全世界优质原材料之一，早已深入人心，在消费品市场中有着广阔的市场营销空间和基础。在众多优质原材料中，羊绒原料一直以来以“软黄金”的地位深入人心。加之随着中国经济的快速增长，人民收入的增加，尤其是以中产阶级为代表的优质消费人群基数的不断壮大，羊绒消费群体在迅速增加。可喜的是全世界优质羊绒绝大部分产自中国，中国有着灿烂的羊绒历史文化，不论是国际高端奢侈品牌还是高端纺织面料公司都将羊绒原料奉为顶级原料。

但在过去的三十多年里，大多数消费者对于羊绒的认识还停留在中老年定位的保暖服装上，千品一面的品牌形象，动辄低于5折的活动已经让“软黄金”卖成了白菜价，远离了本该属于优质原料的地位角色。事实上中国现有的羊绒品牌难以解决当下品牌建设与渠道变化的这两大难题。

庞大的生产规模和加工型企业的基因使得这些品牌决策层的思维难以突破，思维模式往往禁锢在解决过剩劳动量的这一课题上。随着消费市场的逐步成熟，多元化，细分市场，和顾客对于服务意识的认知，原有的粗放模式很难满足这些市场需求的变化。市场上的羊绒品牌依然多为季节性销售品牌，品牌建设较为初级，定位普遍扁平化，并在一定程度上造成独木桥似的恶性竞争状态，不断失去溢价空间。即使近几年来纷纷拓展了互联网电商平台，但销售渠道也只是在扁平定位中的一种渠道转移而并非拓展，线下传统渠道销售量反在减少，这种单纯销售渠道上的转移解决不了羊绒零售市场的困境。综上所述，羊绒行业的品牌建设是一个难题。

CLSELF习朗（附图5）品牌是时代发展的产物，正如经济发展的原动力需要文化精神的传播一样，东方经济，尤其是中国的经济经过多年的发展，已经屹立在大国行列，由贸易和经济的发展带动的文化传播，对于东方文化的展现与认同感成为习朗品牌的文化根基，也是品牌的无限潜力所在。

附图5　CLSELF习朗Logo

纵观历史，服装所包含物质和精神两个层面的内容，先抛开精神与信仰，服装发展的重要核心基础之一是优质原料的原产地价值。源自中国的极品羊绒和优质真丝原材料就像中国文化千年基石一般有着璀璨的历史考据和时尚发展历程，可以说在广阔的内销市场中再难找出那种原材料能像羊绒一样具备广阔的消费和认知基础。在振兴新丝绸之路中国梦历史背景下，从商业角度判断，它果断成为习朗品牌原材料基础。

羊绒品牌的困境很多来自品牌的扁平化定位，习朗品牌从一开始就以市场的角度寻求品牌定位空间。传统品牌定位中老年，走的是传统百货的销售渠道，新兴的电商渠道则以价格低廉为核心竞争价值，从这里不难看出，呼声最高，对于生活方式品质有较高要求的，最具备消费潜力的年轻的中产阶级成为了资源优良的处女地。那么如何针对这优良的潜在市场来塑造品牌和产品呢？

一、定位新渠道

首先，随着人民收入和生活水平的提高，在消费观念上开始有新的追求，即注重消费体验，集娱乐休闲购物一站式服务于一身的购物中心商业体开始快速成长，并迅速成为年轻时尚人群及中产阶级所接受新型消费渠道。习朗品牌从一开始建立就定位在此人群，也就顺理成章的进驻购物中心渠道（附图6）。

现阶段的习朗品牌努力探索一条羊绒品牌化、年轻化、时代化、民族化、国际化的新路线，并以搭建起品牌的初步格局，在现有的购物中心终端销售中，从业绩平效都做出了优秀业绩。

二、互联网时代的思考

在当下互联网时代，习朗并没有一拥而上在网络营销上大做文章，习朗人认为过热的行业映

附图6　习朗品牌店铺形象

射的只有方向，而非可复制模式。在做出了具体实践和分析以后，就现有互联网营销多以低价位和拼速度的不可控的基调下，对于目前习朗品牌的建设并没有太多的益处。而当下品牌发展最重要的是借助可控的互联网资源，建立以微信、微商作为品牌的宣传渠道，和与精准VIP目标群建立互动互联纽带为中心的互联网营销模式。创新渠道成了互联网思维环境下习朗人的精准渠道营销课题，习朗人也正在筹备与酝酿“互联网+”的营销模式，即互联网加一切适合品牌成长和品牌文化宣传的渠道。

三、注重服务创新

在这种主导思想下，北京区域首先尝试推广“6+1”模式，即6家零售门店加1家与会员中心及服饰文化交流于一体的会员中心专卖店。会员中心店一般会定位在空间和时间上都有更多自由度的临街商铺。这里，以会员的服饰文化交流和新品鉴赏为主。事实上中国绝大多数的消费者对于服装和流行文化还处于懵懂状态，表现在对于品质、时尚，甚至优劣的认知还处在模糊状态，习朗人更希望通过努力提高顾客对于服饰产品的认知，使习朗品牌文化在这里得到普及和宏扬。并以打造羊绒新时尚为己任，纵向做市场细分，努力让羊绒系列真正变得时尚年轻起来（附图7）。

四、以精神内涵为灵魂

习朗设计师精神：探求东方色彩到线条的雅致与大气，寻找西方美学的比例，从色彩到线条，从工艺到细节，除了服装艺术本身，更将创意精神滋生于时代的造诣里。

品牌风格定位：时尚文化融合。深挖东西方文化与时代的碰撞带给人们的时尚共鸣，一种全新的品质品位时尚风格。

附图7　习朗品牌服装展示

灵武羊绒园区

一、基本情况和特点

灵武地处宁夏平原中部，历史悠久，区位独特，是宁夏的资源富市和少数民族聚居区，是国家重要的煤电化基地、商品粮基地、羊绒产业基地、矿产示范城市和自治区沿黄经济带核心区重要城市。全市总面积4010平方公里，总人口27.2万。2014年全市完成地区生产总值323.7亿元，地方公共财政预算收入18.16亿元，2013~2014年连续两年进入中国科学发展百强县，列第92位，成为全国经济发展速度最快的县（市）之一。

羊绒产业是灵武市最具特色的地方优势产业，也是宁夏回族自治区、银川市重点扶持发展的特色优势产业。经过三十多年的持续发展，羊绒产业已成为灵武市独具特色的主导产业，实现了由初加工向精深加工、初级产品向高端产品、贴牌产品向自主品牌、松散型经营向产业集群发展的四个转变，生产设备和工艺达到国际先进水平，羊绒制品被列入全国少数民族特需用品和国家军队物资入库供应品，8家企业连续两年被中国纺织工业协会评为“中国纺织服装企业竞争力500强”，18家企业被中国畜产品流通协会评选为“中国羊绒行业百强企业”。灵武羊绒产业形成了集羊绒分梳、绒条、纺纱、制衫、面料、服饰为一体的完整产业链，已成为引领全国羊绒产业发展的排头兵、全国乃至世界重要的羊绒集散地和羊绒制品加工基地，享有“世界羊绒看中国、精品羊绒在灵武”的美誉。得益于羊绒产业发展，灵武市先后被国家有关部委授予“中国灵武国际精品羊绒之都”、“中国精品羊绒产业名城”、“中国灵武优质山羊绒分梳基地”、“国家火炬计划灵武羊绒产业基地”、“中国产业集群品牌50强”、“加工贸易梯度转移重点承接地”、“国家外贸转型升级专业型示范基地”、“国家新型工业化产业示范基地”、“全国模范纺织产业集群”、“国家出口工业产品质量安全示范区”、“全国羊绒深加工产业知名品牌示范区”、“中国时尚羊绒品牌产业基地”等称号，并列入中国纺织产业集群试点地区。灵武市境内年流通原绒8000吨左右，约占世界50%、全国60%。2014年，灵武市生产无毛绒5084吨，羊绒条917吨，羊绒纱3024吨，羊绒衫738.5万件，羊绒产业完成总产值157亿元，同比增长30.8%，进出口贸易总额4.6亿美元，同比增长50.8%。

二、政策推动措施及成效

近年来，灵武市围绕打造时尚羊绒产业基地，大力鼓励企业转变理念，提升企业品牌和品质，走转型发展和国际化路线，成功培育了国内外知名的消费市场。在风尚大旗的指引下，灵武市羊绒品牌企业逐渐集聚，产业优势日益明显，已成为宁夏回族自治区乃至全国时尚羊绒产业的新高地。

（一）突出生态纺织园建设，推动产业优化升级

按照生态、环保、低碳的理念，采取“政府引导、企业主体、社会融资、市场化运作”的模式，规划建设了占地2000亩的宁夏生态纺织产业示范园灵武园区，着力培育以羊绒精深加工、羊

毛纱线、亚麻面料、高档服饰、产品研发及物流配送为重点的新的产业格局。截至目前，累计完成固定资产投资54亿元，基础设施建设全面完成，年产500万件羊绒衫、20梳20纺羊绒纱线、210万件羊绒服饰、220万米羊绒面料等项目全面投产，3万锭精纺高支特种亚麻纱、1300万码高档亚麻面料等项目正在安装设备，配套建设的物流中心、动力站、热力站、污水处理厂、信息研发中心投入运行。项目全面建成投产后，可实现年销售收入120亿元，解决就业1万人以上。

（二）强化科技支撑，提高自主创新能力

近年来，灵武市先后组织羊绒企业实施区级以上各类科技计划项目65项，集中攻克了一批制约产业发展的共性和关键技术，使产业在加工技术、质量标准等方面逐步与国际接轨，多项技术及工艺处于国内前沿。中银绒业山羊绒分梳工艺、仿貂皮羊绒针织衫技术开发及应用两项科技成果先后荣获宁夏回族自治区科技进步三等奖、二等奖；研究制定的《宁夏山羊绒绒条》地方标准经宁夏质量技术监督局批准后对外发布实施，填补了国内无山羊绒绒条标准的空白。开发的变异山羊绒两型纤维和“二细毛”新型染色助剂与染色工艺，填补了国内空白。嘉源绒业开发的超细精纺羊绒纱支数达220支，填补了国内空白。企业不断巩固深化与西安工程大学、天津工业大学、上海东华大学、武汉纺织大学等国内高校院所的产学研合作关系；同时依托宁夏羊绒产业技术创新联盟、研究生实习基地等创新载体，积极探索创新合作运行新模式，推进校企在科技成果转化、技术攻关、人才培养等领域的深度合作。截至目前，园区共拥有国家级羊绒及其制品检测重点实验室和质量监督检验中心等省部共建国家重点实验室3家，区级工程技术研究中心2家、民办非企业科技机构（羊绒研究院）1家、企业技术中心4家、企业技术创新中心1家，科技创新团队12个、技术创新战略联盟2个，取得区、市科技成果18件，申请专利近60余件，授权专利50余件，发表论文17篇。

（三）突出对外合作，着力增强发展后劲

抢抓东部沿海地区纺织产业向中西部转移的发展先机，瞄准全国500强企业和沿海产业转移动态，促成了金特尔绒业年产300吨纺纱、50万件羊绒衫、盛龙公司年分梳800吨无毛绒、圣多利500万件羊绒工艺毯等一批项目落地建设。加大对外合作，坚持把“以企招商”作为最有效的招商引资方式，筑巢引凤，借力发展。依托生态纺织园产业集群优势，促成中银绒业与英国希尔公司签订了220万米羊绒、羊毛高档精品面料项目合作备忘录，助力灵武羊绒、羊毛面料项目产品快速走向国际高端市场；与全球服饰零售业排名前列的日本优衣库公司签订了400万件羊绒衫销售合同；与世界闻名的国际性亚麻产品生产商和销售商比利时让斯·文纳斯特公司签订了亚麻项目战略合作框架协议；与浙江金鹰集团签订亚麻面料项目合作协议，主要在资金、技术、人才、销售等方面共同合作，实现共赢。

（四）突出自主品牌建设，扩大国内外市场份额

培育了千堆雪、绒典、绒意、菲洛索菲、灵州雪、帕雪兰、塞上雪儿等一批自主品牌，嘉源绒业“绒典”、中银绒业“思诺芙德”、菲洛索菲先后被评为中国驰名商标。中银绒业成功收购英国邓肯纱厂，拥有了国际知名品牌托德·邓肯（Todd&Duncan）、布朗·艾伦（Brown Allan），嘉源集团公司在德国巴伐利亚注册了CY品牌。400多家品牌店覆盖全国一线城市，11类产品销往欧美等43个国家和地区。2013年8月，国家质检总局同意筹建“全国羊绒深加工产

业知名品牌创建示范区”，成为宁夏首家“全国知名品牌创建示范区”。建立了国家级灵武羊绒出口产品质量安全示范区，连续举办五届“中国（灵武）国际羊绒节”，进一步加大了品牌宣传力度，不断提升了自主品牌国内外市场影响力，提高了企业产品市场销售份额，增强了羊绒产业可持续发展能力。

（五）加快人才队伍建设，推进产业创新发展

坚持招才引智并重，围绕“人才高地”建设，创新引才聚才体制机制，推行人才工作项目化管理，大力引进创新团队和高层次领军人才。依托绒业生产力促进中心，建立了由中国工程院院士、全国纺织业泰斗级专家姚穆领衔46名区内外专家组成的专家技术服务团队。依托宁夏羊绒技术创新联盟，聘请西安工程大学、天津工业大学、上海东华大学、武汉纺织学院、中国纺织科学研究院等国内知名纺织高校院所16名教授为联盟专家委员会专家。结合生态纺织园项目建设，制定了“三个百人计划”，引进和培养生态纺织等主导产业领域的创新团队6个，招聘专家级人才58人。同时，为确保人才“招得来、留得下、稳得住”，大力实施人才安居工程，规划建设了4000套产业工人保障性住房，一期2206套已交付使用。目前，灵武市羊绒企业现有职工10000人，其中：研究生及以上学历32人，本科学历539人，大专学历615人。具有专业职称533人，其中具有高级职称89人，中级职称185人，初级职称259人，为企业技术再创新提供了强有力智力支撑，实现了人才与产业、人才与经济的良性互动发展。

三、发展目标及未来展望

今后一个时期，灵武市将按照全面建设时尚羊绒品牌产业基地的要求，围绕羊绒生产工艺、产品设计、产品销售“三个国际一流”目标，把建设宁夏生态纺织园灵武园区作为工作重点和核心，狠抓项目建设和招商引资，着力加大骨干企业培育、品牌培育和人才队伍建设，加快建立具有较强自主创新能力的羊绒产业研发体系，力争到2020年，羊绒产业实现产值500亿元以上，努力将灵武市打造成国际精品羊绒之都、全国原绒集聚区和加工中心、羊绒原料价格发布中心、全国精品羊绒制品研发和生产中心、全球精品羊绒交易中心、全国羊绒制品流行趋势发布中心。

（一）实施时尚品牌战略，增强时尚创意色彩

加快完善羊绒产业“十三五”发展规划，突出发展时尚创意产业。依托灵武羊绒的特色产业优势，以创建“国际知名品牌”为目标，坚持“抓大、促新、强集群”，以完善的设施、优惠的政策和高效的服务，积极引进科技含量高、产业带动力强、市场前景好的企业和项目，着力引进原绒、面料、服装、家纺等研发设计机构和设计师，着力建设中国羊绒纺织科技研发高地和中国羊绒纺织时尚文化引领高地，加快形成规模聚集效应，实现羊绒园区企业创建世界知名品牌的突破。聘请专业品牌设计公司，开展系统的CIS策划，利用已经形成“灵武精品羊绒”的整体品牌，走精品路线，在成品上，致力于打造时尚、功能、环保、个性的羊绒制品；制订品牌建设和推广策略方案，依托各类媒体做好品牌的宣传和推广；加强对行业名牌企业的引进，通过引入式快速提升园区的知名度，并将园区品牌与企业品牌建设同步推进。力争到“十三五”末，形成3~4个国际知名品牌，5~8个国内知名品牌，初步把灵武市建设成为影响国际、领先国内的羊绒纺织创意产业基地。

（二）加快建设时装园区，提升品牌集聚度

规划建设品牌时装园区，吸引一批具有自主品牌、有设计团队、有较为成熟的营销网络时装企业入驻，真正打造时尚羊绒品牌产业基地。依托中国（灵武）国际羊绒城，在灵武市建设高新区创意研发区，建成运行羊绒电子交易市场、检验检测中心、品牌展销中心、精品羊绒制品研发中心等重大支撑项目。规划建设园区技能人才培训中心、中国羊绒纺织研究中心等。加强产学研联盟基地建设，引进知名高校和科研院所在园区建设分支研究中心、实训基地，着力形成资源共享、技术共用、优势互补、协同发展的创意研发产业群，进一步提升品牌知名度和集聚度。

（三）发展精深加工，促使羊绒产品向时装化发展

树立“羊绒时装化”的思路，生产羊绒精纺纱线、面料，制作内衣、T恤等针织服装和西装、女装、休闲装等。在坚持以“纯山羊绒”原料生产羊绒产品的同时，大力发展羊绒和其他天然纤维混纺产品，羊绒产品要向高档、轻薄化方向发展，以高质量、多功能、绿色环保为目标、占领更为广阔的消费市场。

（四）加强时尚产业招商，加大政策支持力度

进一步将时尚创意产业作为灵武市今后招商的重点，注重品牌时装企业的引进，加强与时尚创意城市和高校、设计院等的交流、合作，拓宽时尚创意产业的发展空间和市场。强化土地等资源要素的保障，加快行业人才队伍建设，出台羊绒时尚产业发展扶持政策，增强灵武市对时尚创意资本和人才的号召力、凝聚力，促进时尚产业各要素向灵武市聚集，推动羊绒时尚产业更大的发展。

第三章　针织行业

中国针织工业协会

一、"十二五"期间针织行业发展特点

（一）"十二五"期间首破千亿美元出口大关成为纺织服装业出口的第一大细分行业

"十一五"期间，针织行业作为我国劳动密集型产业阶段的代表行业之一，充分享受了人口红利带来的高速发展。在"十二五"期间，针织行业连续两年实现出口额突破千亿美元大关，占纺织品出口的三分之一以上，成为第一大出口细分行业。

但同时，随着资源成本增加带来的成本洼地效应消失，TPP协定签署等国际贸易条件转变，针织行业作为流程短的较高级织造工艺，呈现出向非洲、东南亚地区自然转移的趋势。

1. 针织服装是针织行业出口的主要品类

针织服装是针织行业的主要出口品类，2014年针织服装出口790.06亿美元，占出口总额1061亿美元的74.5%。截至2015年9月，我国针织服装出口额为524.4亿美元，同比下降11.52%，如图3-1所示。

据海关数据显示，我国针织服装出口从2014年后呈现出价增量跌的趋势（图3-2），反映出我国针织服装在应对产业转移中已经开始重视高端类产品的创新，提升生产效率，以迎击国际竞争。

2. 针织织物出口保持平稳，国际竞争力增强

针织织物品类较针织服装品类小，2014年出口金额141.42亿美元，约占针织行业出口

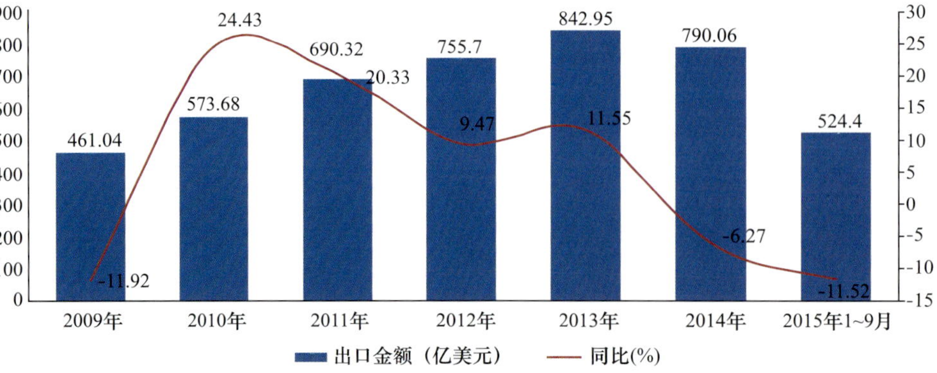

图3-1　近年来我国针织服装出口规模及增长情况

的13%。近5年来持续保持金额同比增长（图3-3）。截至2015年9月，我国针织织物出口额为110.9亿美元，同比增长5.03%。

从近几年针织织物出口的量价关系看，针织织物出口数量保持增长（图3-4），受原料价格影响，价格有小幅度下降。截至2015年9月，我国针织织物出口数量为82.2亿米，同比增长8.58%；平均出口单价为1.35美元/米，同比下降2.88%。

（二）行业持续健康发展，外衣化趋势明显

针织服装外衣化趋势，是近几年来在国际国内市场表现突出的行业特点。无论是随着技术提升带来的织物花型的多变、织造效率的提升、染整技术的提升，都给针织服装的舒适与时尚带来了更多的可能性。在电子商务渠道中，针织服装因其可延伸适应性强而广受欢迎，在对外贸易中，出口金额累计前10名的品类有70%为外衣化产品，分别为套头衫、T恤、女式上衣、女式长裤、男长裤、女式连衣裙、男式上衣。

（三）针织服装进口持续增加

针织行业的进口情况看，我国针织织物进口依赖度有所改善，数量下降的同时，单价提升，说明仅有高档面料需要依靠进口来补充。而针织服装板块的进口数量保持增长（图3-5），尤其

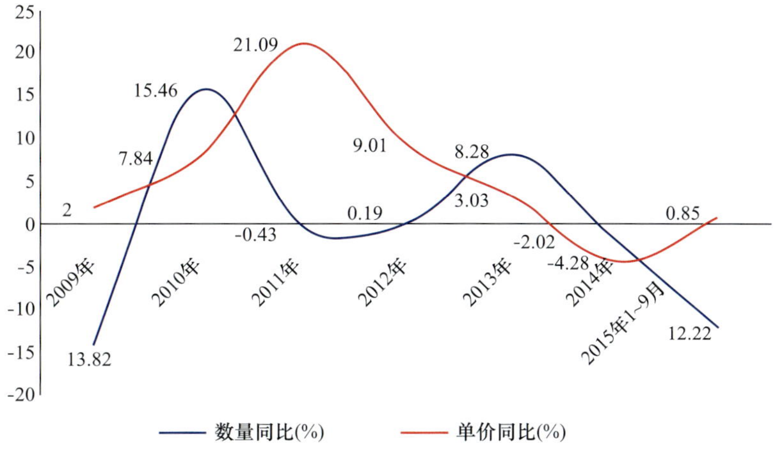

图3-2　近年来我国针织服装出口增长量价关系图

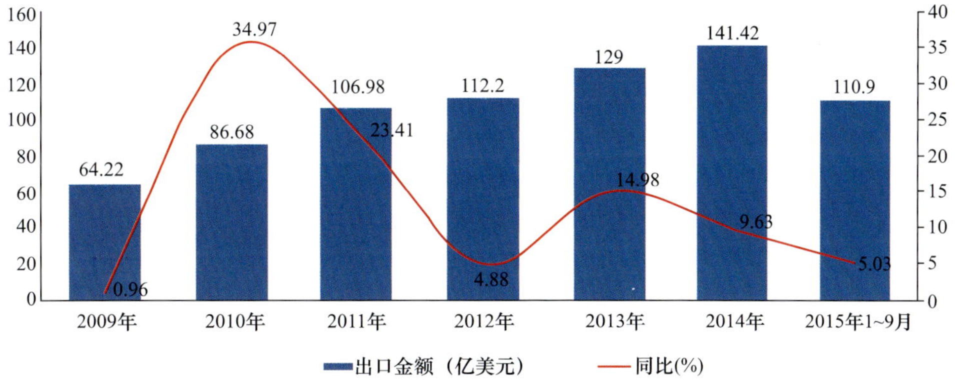

图3-3　近年来我国针织织物出口规模及增长情况

越南、孟加拉、朝鲜、柬埔寨、葡萄牙、泰国等国家数量增加较快，或与产业转移及全球资源配置有关。在对进口累计金额进行排序后，可以看到我国针织服装进口金额前10名的国家数量及金额总和占到进口总量的80%左右，集中度很高。

（四）产业资本国际布局明显加快

1. 受欧美、日等优惠政策的带动

具有里程碑式意义的泛太平洋战略经济伙伴关系协定(TPP)历经20年最终达成。这是历史上最大的区域贸易和投资协议。TPP协议，包括取消关税及推动纺纱产业竞争力，均可为越南纺织业带来强力增长动力。随着TPP谈判的结束，以及东亚加速推进经济一体化，目前美欧之间的TTIP（跨大西洋贸易与投资伙伴关系协定）也开始加快进展。

除大型区域型协定外，各国在金融危机后对制造业对推动经济增长提高研发和创新水平以及促进就业等方面的重要作用有了新的认识，纷纷提出制造业国家战略，如美国《先进制造业国家战略计划》，德国的工业4.0计划，和日本的《制

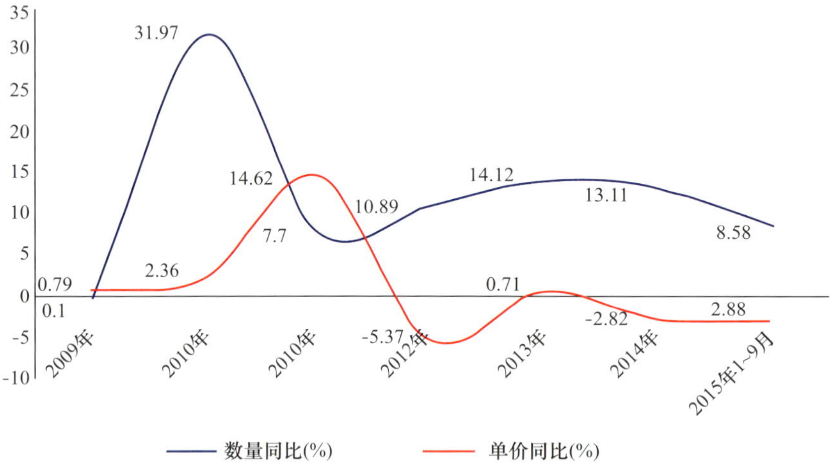

图3-4　近年来我国针织织物出口增长量价关系图

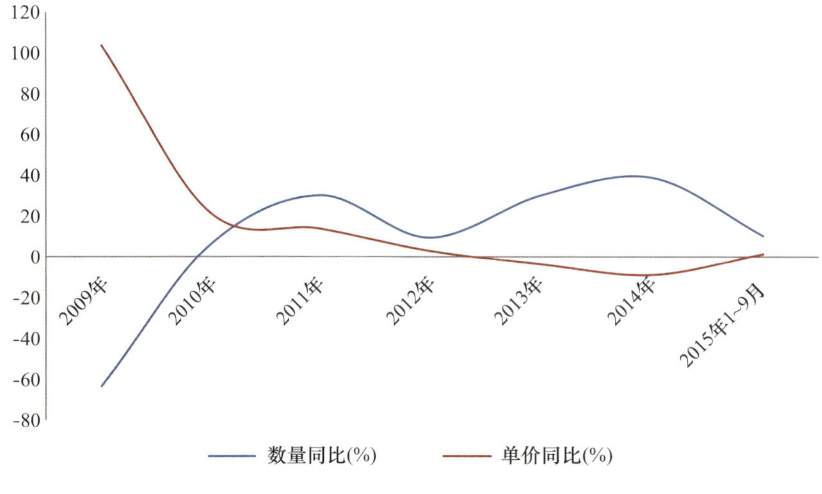

图3-5　近年来我国针织服装进口增长量价关系图

造业白皮书》等，制造正在重新成为国家竞争力的重要体现，在这样的背景下，针织行业也将迎来国际布局的加速，在全球范围内重新进行资源的有效配置。

2. 人口红利、成本优势消失

近几年，中国各地“人口零增长”时间表显示了劳动力红利消失的时间表。人口红利等成本优势带来的成本洼地效应的消失，以纺织业为代表的劳动密集型产业也将随我国的经济发展而进入到全球布局、全球配置的资本密集型发展阶段。

针织行业因具有流程短、操作相对简单等特点，或将成为率先进行产业转移的产业之一。在简单复制性转移之后，我国针织行业也将迎来技术升级、提升生产效率的挑战，高端面料生产、时装化成衣制作、全成型生产及无人化生产线等都将成为行业发展的热点。

二、针织行业品牌发展的特点与问题

针织是一种织造工艺，因而若是考究针织行业的品牌，便会涉及多个维度，其中既应该有产业链中间品品牌，如面料品牌，又会涉及终端服饰品品牌；从品牌从属关系会涉及企业品牌、集群区域品牌等；从千变万化的分销渠道分，又会演变出电商品牌等，很难尽述，更加难以界定的是，在各类服装品牌针织比例逐日增加的大势所趋下，哪种比例应该归为针织服饰品牌，又会成为让人头痛的命题，所以本文重在观察特点，分析趋势，不拘泥于定义本身。

针织因其生产工艺流程短、效率高，织物具备良好的延展性、舒适性，是近几年在成衣、服饰品等终端零售市场都较流行的织造方式。尤其是近几年电商渠道的拓展，针织类产品小件、平价、标准化、无需试穿等特点占据网络销售产品的前几位，打底裤、打底衫等已经成为时尚的代名词。

随着针织服装的外衣化趋势日渐强劲，针织行业内出现了针织服装品牌化、时尚化、系列化，同时在众多品牌服装中呈现出产品针织化的趋势，针织面料的弹性、舒适性、挺阔性等不同性能在品牌服装中得到了良好的应用，尤其是蕾丝的流行，更让针织成为服装业内不可替代的流行元素，传统以休闲装、运动装、家居装为主要产品的针织类品牌，逐步演变为时尚成衣类品牌。

（一）针织行业品牌发展特点

1. 快速成为品牌竞争的关键点

（1）OEM企业（企业品牌企业）在加工中更加注重效率。2015年工业和信息化部会同中国纺织工业联合会开展的品牌建设的情况调查中，有19家企业属于针织行业品牌，其中，生产型企业9家，生产与渠道并重型企业10家，约各占50%。渠道型企业和设计师品牌欠缺，其中生产型企业以OEM企业转型为主。

随着发达国家重新开始重视并回迁制造业，发展中国家成本竞争优势凸显，针织行业OEM企业（企业品牌企业）需要找到一个具有竞争力的新优势，即生产效率的提升。无人化、少人化的生产装备升级，云制造平台、工业互联网的构建，都将成为达到效率提升的必要途径。

（2）终端品牌更注重快速反应体系构建。随着针织服装的流行性增强，针织服装终端品牌需要做到信息反馈高效、市场反应灵敏，做到原辅料供应、生产制造、产品销售等环节有机协调，建立起高效而完整的供应链体系、共享信息网络的有效资源，实现“以销定产、以产定购”的快速反应机制。这样的机制可以将买方与供应链连接在一起，以达到再生产与销售间的商品、信息的快速且效率化的移动，以便快速对消费者的需求做出反应。ZARA、H&M这样的快时尚品牌，已经成为我国的针织服装品牌企业的追随目标，从流行趋势的识别到将迎合流行趋势的新款时装摆到店内，ZARA只需两周的时间，而传统生产方式下这个周期要长达到4~12个月。

2. 设计是品牌自主创新与文化传承与的核心

（1）走向时尚的针织品牌需要与设计对接。传统的针织工艺主要用于内衣、文胸、家居服、运动服、袜子、羊毛衫等品类，随着罗马布、蕾丝等成衣化面料的流行，以及混搭风在时尚界的风靡，针织服装开始了成衣化路线，随之诞生了与这一趋势相应的成衣化针织时装品牌，如日本的优衣库这样的品牌中针织成衣比例很高，国内的鄂尔多斯、浅秋等都在从毛衫像高级时装拓展，电商品牌凡客曾主打T恤衫和卫衣一度成为针织电商品牌的翘楚。另外，即使是传统的内衣、袜子等小部件，也开始注入了许多时尚化的元素，比如棉花共和国、6ixty8ight等。

在针织品牌走向时尚品牌的趋势中，值得一提的是：申洲国际集团从“申洲”这一企业品牌，向马威（Maxwin）这一时尚品牌延伸。马威（中国）有限公司成立于2010年，是国内快销服饰行业新兴的品牌，在2014~2015年迅速壮大和发展，目前在江浙沪地区已有25家分店，遍布上海、杭州、苏州、嘉兴、绍兴等多个地区，形成了较为完整的江浙沪市场网络格局。该品牌奉行简洁、现代和体现崭新生活方式的设计理念，以优质面料、合体裁剪、舒适穿着为目标，产品线涵盖男、女、童、内衣。其中男女装针对18~35岁、35~50岁两个主要消费群体，童装覆盖了从新生儿到15岁青少年。

像这样的品牌最需要的是与设计师的对接，据悉，有40多位国内外设计师一同为马威品牌服务。近几年，针织类设计师已经越来越成为热门的职业。资深的针织服装设计师既需要有工艺基础，又需要有敏锐的流行把握度。

（2）ODM转化中更多使用设计人才。ODM可以为客户提供从产品研发、设计制造到后期维护的全部服务，将客户的设想变为现实。某些针织服装ODM企业设计出产品后，由一些品牌企业或者买手企业挑选，配以其名称来生产、销售。这类的针织服装企业以自己的ODM能力在业内构造影响力，有的以一定风格著称，或者以定向为某些品牌提案，所以在日趋激烈的竞争中，ODM企业原创力越来越成为核心，也越来越多地启用设计人才。

（3）海外设计工作室与国内设计师互动已经初步形成。随着服装工业的发展，服装设计产业链上各环节的分工也不断细化和专业化。在服装设计环节，欧美的第三方服装设计服务公司也进入专业化分工时代，出现了海外著名专业设计顾问公司与国内设计师的互动。海外设计工作室对趋势的把握、色彩和面料的使用更具前瞻性，而国内设计师对于消费者的喜好、成本的控制、设计表现手法更接地气，因而双方在不断增强的互动中，碰撞出了更多广受欢迎的品牌产品，从而提升了针织行业品牌产品的设计水平。

（4）越来越多的国际知名设计机构在华设立分支机构。在国外，设计工作室的形态是多年来形成的一种产业服务模式，由于在国内起步较晚，所以相对独立设计工作室的较少。在近几年的发展中，随着我国国内市场的健全，越来越多的知名设计工作室，如法国、意大利、美国等设计发达国家，均纷纷关注中国市场与中国企业，在华设立分支机构，更好地了解中国传统文化，了解国内消费者的偏好，有的放矢地为国内针织行业品牌企业服务。

3. 从产品管理到供应链的纵向管理成为品牌管理的考验

针织传统品牌企业向时尚靠近的过程，无疑也是靠近消费者的过程，流行文化的变迁，流行趋势的转换，随着信息更迭的速度而变得越来越快速，也使这样的靠近过程成为了挑战小批量、快速反应的过程，同时也使品牌企业从产品管理关注到供应链管理中来。

“纵向一体化”管理模式是当代针织品牌企业采用的一种供应链管理模式，其一件产品从设计开始，经过选料、染整、剪裁、针缝、整烫的一系列生产工序，运往店铺终端上架。从OEM转型的品牌类企业通常在原本生产线的基础上，侧重物流、仓储及销售渠道的开发，而单纯品牌管理类企业，则可能采用参股生产等上游环节，从而实现供应链管理。

4. 从关注产品到关注消费者成为品牌运营的本质

在针织行业品牌化的进程中，从关注商品到关注消费者，是品牌化发展的典型特征。

在售卖商品的阶段，企业作为终端供应商，更多关注商品的本身属性，生产企业希望在消费者筛选后，靠质量取胜。而品牌化时代，作为品牌企业，则更注重的是前期的消费者分析，用“对的质量”去迎合相应定位的消费者群体，从而传达品牌符号的意义。一个成功的品牌，能够给予消费者以信心、提供给消费者应有的期望并保持消费者对本品牌的忠诚度。这就需要产品本身能够提供给使用者信任感，始终致力于为使用者服务，并使之满意。

同时，在针织行业品牌化的时代，关注消费者，便是在关注消费者的需求，在准确定位，按需生产的同时，通过营销等手段，创造及影响消费者的需求，比如：打底裤、打底衫，便是在2008年之后网络热销的产品，这样的产品与生活方式、经济规律、人体美学等发展息息相关。

（二）当前针织行业品牌发展的问题

1. 文化与产业的结合不足

针织产业作为纺织产业的一部分，在近几年的发展中，表现出了原创力不足的问题，原创力的瓶颈在于创意的产生，而创意的基础在于文化，因此，文化与产业结合的不足，成为阻碍产业发展的一个重要因素。在产业转型升级的不断推动中，我国传统美学文化、地域历史文化，都将成为未来产业创新、创意的源泉。

2. 设计类人才趋同化严重，创新有待激发

设计类高校近几年风起云涌，但是设计类人才却表现出趋同化。在高校人才培养中，大多注重绘画技法、理论基础，但是对于市场的探究、艺术在工艺中的实现相对缺乏。这样的问题，在针织类服装设计中尤其突出，因为针织服装除裁剪成型外，如能利用机械织造性能表达缩放、挑孔、凹凸、弹性等将能充分完美地呈现出该种工艺的特性，并阐释出与梭织服装的不同。加强针织类专项人才的培养，在设计师的基础养成过程就注重工艺的优越，成为未来产业创新力激发的关键点。

3. 政府支持力度不够

品牌的发展离不开政府的支持，尤其是以整体文化创意产业的支持为基础，以传播本土原创品牌为目标的国家战略。纵观韩国、日本两国的时尚产业、品牌产业的发展历程，均是在近30年作为国家振兴战略后，逐步攀升至世界前列。对于我国的针织品牌发展，在整体的支持方法、支持机构设置、支持经费比例均略显不足，有待于未来设定专项计划并增强支持力度。

4. 相关行业组织不健全

针织行业品牌的推动和管理是一个系统工

程，它涉及品牌运营、市场研究、营销、创意设计、生产流程、供应链等多个环节。我们现有的行业组织，对于服务这么完整的系统化推动和运作还不够深入，需要更为专业的分工和团队，健全的组织架构服务针织行业品牌企业，将我国的针织行业品牌誉满全球。

三、针织行业品牌发展的环境分析

（一）针织行业品牌发展的内部环境

1. 新材料、新工艺进步加速品牌产品革新

随着消费者对于内衣的舒适性的高品质要求，新原料逐渐应用于功能化针织内衣的研发中，保暖、抗菌、透气等要求日益提升，因此，大量的功能化纤维不断涌现，比如：中空聚酯纤维（Thermolite），壁上有许多微孔，具有保暖与排汗功能、轻柔、易洗易干的特点，可以纯纺或与其他短纤维混纺生产纬编针织面料。适于保暖内衣、运动服装、衬衣、袜子、帽子、手套、防寒服里料、睡袋里料等。空心双股连体聚丙烯纤维（MICROFIB），可在非常低的温度下提供温度保护和舒适，拒湿微孔纤维可以把水汽从其表面传输出去并形成理想的温度，通过合成聚丙酸和微孔纤维，保证舒适温暖。适用于运动休闲类产品和袜品。在纺丝过程中添加抗菌剂而成的纳米银抗菌纤维，具有抗菌除臭、吸湿排汗、调节体温、促进脚部血液循环等功能，特别适于在抗菌保健袜中的应用，可以杀死细菌而又不引起细菌病原体病变，很适合脚气病人。从而，功能性针织品、专业运动服、特种工作服等各种专业化品牌应运而生。

2. 电商模式催化针织行业品牌变迁

（1）电商模式带来的人群细分化使小众品牌迅速兴起。电子商务的兴起，或者说互联网的变革，并不仅仅利用时空的无界带来的渠道的拓宽和消费的便捷，它的变革更在于消费方式对于生产方式的改变上。世界正在经历着从工业时代先生产再消费，到边生产边消费的变革。小众品牌创建、个性化生产、碎片化消费等都成为服装企业关注的热点。

移动互联网时代最大的特征，就是无处不在的信息服务，任何人可在任何时间、任何地点通过任何终端分享全媒体信息服务，即“随时、随地、随心”。信息是消费者消费行为中最重要的因素。移动互联网所具有的信息整合与人际传播功能，为消费者行为提供了重要的信息服务。这给社会消费行为带来了新的特性——主动性、选择性和创造性，改变了传统的消费行为。

歌瑞尔便是电商内衣品牌的典型代表。歌瑞尔是2008年外销转内销浪潮中诞生的线上内衣品牌，成名于网络。实际上，歌瑞尔本质上有着浓厚的传统品牌基因和背景，有自己的工厂和外贸代加工业务，从2008年即开始开设线下实体店，迄今已有40~50家店铺，在广州佛山等二三线城市颇具知名度。在线上品牌圈里，歌瑞尔是做得出色的内衣品牌，经过几年努力已经成为电商渠道中知名的内衣品牌。

（2）电商渠道受众人群促成针织行业传统品牌的全品类延伸。在电商渠道中，受到高转化率成本的裹挟，传统针织品牌多采用以多产品线对冲的方法，比如在浪莎天猫旗舰店也有文胸卖，三枪的旗舰店也有袜子卖，而七匹狼旗舰店也有内裤卖，产品线的丰富和延伸已经打破了这些传统品牌在线下给消费者构建的原有品牌符号象征。

（二）针织行业品牌发展的外部环境

1. 消费变迁是品牌发展主要影响因素

（1）代际变迁带来针织行业品牌化需求提升。消费者的代际特征变化，是影响品牌发展趋势的

重要因素之一。

中国的“80后”大约有2亿人，他们是计划生育政策下的独生子女一代，如今，他们都陆续进入三十而立之年，人生进入到工作、婚恋、生育模式。“80后”比以前的人群更看重品牌，他们从小就知道可口可乐、迪斯尼，在外国品牌大举进入中国和国产品牌开始大量宣传的时代中成长起来。也由于对自我、流行的追求，对品牌的选择更挑剔，更有品牌意识。生于个性飞扬时代的“90后”，喜欢标新立异，追求个性发展，乐于接受新鲜事物。在信息膨胀的网络经济时代，很多“90后”大学生认为网上购物不仅方便省时而且便宜，经常网上购物。追求便利快捷的网上购物方式成为“90后”消费方式新趋势。“90后”的消费需求、购买动机和购买行为既具有从众化的一面，又具有个性化的一面。2000年后新生一代消费者。这一代人最大特点是由于他们的父母成长在改革开放年代，一切都顺利，没有受到钱的困扰，加上商品的极大丰富，因此，“00后”的消费趋势必将是追逐奢华品质又注重便利支付的时尚购物方式。

随着青年人的消费变迁和流行文化的变迁，我们可以看到针织品牌中潮牌的不断涌现，不光是缘起日本和韩国，就是连中国也可以看到李灿森的Subcrew，还有EDC的CLOT，小猪的Stage这样的深受年轻人喜爱的品牌，而且它们中很多以T恤衫和抓绒衣为标志服饰。

（2）休闲生活方式变迁让针织类产品成为流行。工业化以来机器的大规模使用，曾经将休闲与工作分化，催生了休闲的产生，伴随着社会劳动生产力的提高，西方发达国家休闲时间有了大幅度增加，并在第二次世界大战后步入了“普遍休闲”时代。而今互联网革命带来的空间界限消失，让休闲与工作的界限变得更为模糊，于是针织服装这一曾经的休闲服，一时间冲破界限大行其道。

运动、健身、知识消费如今已占据着城市居民家庭消费的大部分。北京零点调查公司对上海、武汉、北京、广州、成都5个城市的消费调查发现，仅北京平均每个人一年用于体育健身的消费达到2888元，在5个城市中名列第一。数字显示：1995年，中国城镇居民家庭平均每人消费性支出为3537.6元，用于娱乐、健身、文化教育消费的支出只有312.7元；而到了2010年，居民家庭平均每人消费性支出为8309元，而用于娱乐、健身、文化教育消费的支出已达到1690元。

当娱乐和健身成为生活必不可少的部分，则促使服装的流行趋势走向休闲化，同时，休闲服装品牌走向针织化。

2. 户籍制度等政策环境对针织品牌发展的影响

中国的城市化不仅可以推进生产，也可以同步推进消费。户籍制度是其中最关键的制约因素，放开户籍，促进消费，是下一阶段城市化进程的重中之重。户籍制度改革使农民变成市民，这部分人就变成了稳定的劳动力，直接改变了劳动供给。农民工变成市民后，享受各种社会保障，解除了后顾之忧，能够像市民一样消费、生活，这可以改善内需中的消费需求，使经济增长更加协调、可持续。

近几年，高出生率带来了针织童装产品及品牌的风靡，针织童装已经成为针织企业寻求增长的优质品牌线。随着全面二孩政策的颁布，未来几年，针织童装必将持续升温，针织童装的环保性、健康性也将会成为品牌企业关注的热点。

四、“十三五”期间针织行业品牌的发展趋势与建议

（一）“十三五”期间针织行业品牌发展趋势

1. 从针织品牌外衣化到外衣品牌针织化

十年以来，针织行业品牌发展经历了从内衣到外衣的转变，无论是出口数据还是内销市场成衣品牌的针织比例都越来越高。未来在“十三五”期间，随着针织工艺的发展，花型及时尚的可能性增加，加之后整理等工艺的不断完善，整体品牌发展将呈现外衣针织化的趋势。在外衣针织化的阶段，无论是经编蕾丝在外衣中的使用，还是经编突破短纤织造从而带给时尚面料在网眼织物中的突破，更可以通过纬编工艺发展做到挺括厚实的外衣时尚面料。

混搭、拼接、复合、涂层等多种手段的应用和突破也将带给针织类服装更多可创作空间。

随着全球经济萧条，休闲化已经成为流行时尚不争的特征。在未来五年的经济发展中，我国有望成为全球第一大消费市场，像“针织女王”潘怡良这样的优秀针织服装设计师会越来越多地瞄准大陆，在这里开设工作室、组建品牌。同时，也将吸引诸如瑞典品牌SandraBackland、英国品牌Sibling、意大利品牌Missoni这样的知名针织时尚品牌通过股份合作、跨境电商等方式进入国内，使得针织行业的品牌化运作与国际接轨，成为专人研究、专业设计、专业营销的服饰品类中重要的分支。

2. 个性化生产互动增加未来针织品牌的服务型属性

3D打印的发明对于全球制造业来说都是里程碑式的产品，已经为服装业及服饰品牌发展带来了颠覆性的意义。在个性化、定制成为主流的时代里，针织品牌将不再是大而全的象征。品牌符号除了定位象征、风格象征，还将有服务的象征，使终端零售品牌走向终端服务品牌。

这样的转变将有赖于生产链条的智能化与设计的远程化等技术升级，在“人人都是设计师”的产业链条中，针织品牌也将学习“小米”这样的品牌，注重消费者与生产之间的互动。

互联网的互动功能，让生产、设计和消费不在有界限。有人把这个过程称为“自工业化”。在自工业化时代，与之相配套的将是基于云计算的超级电商平台，这样的平台不仅仅是限于电子商务，甚至是融入整个智能化的工业系统。自动化、数字化制造将由巨大数据量的云计算平台所支撑，形成一个自工业化的公共平台，人们可以在此进行设计和制造。

在自工业化时代，人们可以进行体验式消费，边生产边消费边享受，使生活与工作的界限很难分清，这种变化实际上是劳动对象化创造价值，变成了生活对象化创造价值，同时，也是针织品牌从产品符号的意义转变为服务符号的意义。

（二）“十三五”期间针织行业品牌发展建议

1. 政府要建立相应支持政策

在不同的经济增长阶段，我国政府对于汽车、能源等不同领域给予过政策上的支持，从税收、补贴、政府采购等环节多维度促进。之前，对于针织行业品牌工程，或者是纺织品的品牌工程，政府的支持力度较弱。在下一个五年计划中，希望能够从加大宣传力度、构建信息服务体系、鼓励支持民族品牌、鼓励支持原创设计等多种维度制定相关扶持政策，以期我们的品牌化工程能够带动行业转型升级的真正落地。

近期，纽约市长白思豪提出，纽约将花费1500万美元来说服有前途的设计师和制造商来创造纽约当地的特色时尚，以“创意创新”激活时尚制造业回归。这笔资金援助由“纽约制造”的

项目投资，旨在通过经济激励政策来增加纽约市内生产厂家，并给设计师提供光明前景，让时装重回“纽约制造”，建议我国政府或立足于时尚产业的产业集群也出台类似的战略性政策，以帮助针织行业内的品牌企业提升创意、创新能力。

2. 重视设计队伍，尤其是设计师培养

人才的储备与培养是提升设计的关键。我国现阶段整体纺织行业设计力量薄弱，设计中文化融合与创新不足，使得品牌产品的差异化、个性化明显不足，未能针对性地迎合消费者的需求。在未来的发展中，如何能从设计师的培养环节开放思路，打破束缚，让设计更多地带有灵魂与创意，并将其注入品牌产品中。对于行业协会，也将通过更多的实践与培训，让走出校门的设计师人才与工厂实现相结合，从面料、款型、花型、配饰等多个环节，提升针织行业的产品设计。

3. 加强打板等专业技术人员的培训，促成创意的实现

对于针织类产品，打板师是与设计师对接的核心环节，也是创意最终能否实现的关键性环节。在整体行业发展中，打板师对工艺了解的要求很高，又与生产环节接近，相比设计类人才，针织类打板师更多是实践型人才而非高等院校培养的高素质人才。这样的现状，使得创意实践的过程具有巨大的提升空间。在今后的发展中，建议要加强该类人才的培训，一方面通过一线成长人才的继续教育来实现，另一方面，通过高校增设该种类别课程和专业，实现该类人才的高级化。同时，行业协会可以通过该类大赛等活动进行人才的选拔与储备。

4. 鼓励跨界发展，增强多种文化碰撞

艺术是相通的、传播也是相通的。在针织行业品牌发展中，如果能鼓励跨界发展，将陶瓷、音乐、绘画等各种艺术形式与其嫁接组合，将会产生更多的碰撞和可能性。同时，如果能将其他领域在传播方法策略上加以借鉴，甚至与之合作，也必将带来更多的趣味化、娱乐化的新型发展模式。

附件　针织行业品牌案例

安莉芳

20世纪70年代香港经济高速发展，安莉芳顺势而生；20世纪80年代，随着中国改革开放，安莉芳进军内地，深圳建厂，以创始人郑敏泰先生"早跑20秒"的理念，开业界先河，逐步建立了品牌营销、生产、财务等全面的计算机管理系统；20世纪90年代，安莉芳进军长三角，成立常州公司，立足东方女性市场需求，让专业的安莉芳品牌内衣专柜专店开遍中国大城市。进入21世纪，绿色环保、专利科技、多品牌和现代化发展战略成为企业发展的关键词，伴着2006年香港主板上市，安莉芳驶入发展的新纪元。2006年，安莉芳借势国家渤海湾大经济圈的发展战略，在山东省章丘市建立安莉芳（山东）服装有限公司，打造了美丽如画、绿色节能的美丽工程——安莉芳山东工业园，为未来的高速发展提供产能保证。2010年，安莉芳上海大厦正式落成，以时尚之都上海为中心，统领各地，辐射全国，是安莉芳发展战略的重要里程碑，也为安莉芳立志成为高品质的国际品牌奠定了更加坚实的基础。

为了做好内衣，郑先生创业之初曾利用切面包机，将面料切成如方包般一片片，放入"郑氏倒模机"中倒模，最终做出来第一件立体胸围，突破了"平面变立体"这一内衣业大难题，由此迈出了成功的第一步。

为了做好内衣，安莉芳针对东方女性"臀部瘦削"的困扰，运用定型臀垫和细腻的弹性物料立体剪裁缝，开发出专利产品立体"凸裤"，填补了内衣行业的空白；根据女性身体的结构及肌肉脂肪的平衡受力原理，创新研发了美体塑形与紧致肌肤完美结合，穿着无压、零负担的革命性美体衣系列产品，同时，美体衣系列产品采用先进的无菌面料，100%保护女性身体健康，隔离侵害，用心、用爱呵护女性。

为了做好内衣，40年来安莉芳始终坚持以人为本的研发理念，坚持将产品的根本落在"内"上，关注内衣的舒适和对身体的健康：每一种原料采购必须符合绿色生态纺织品认证要求，每一道生产工艺必须严格遵守操作规范和工艺指标，每一件产品必须经受超强度的破坏性检测，同时安莉芳自主研发了四十多项专利技术，并广泛运用于各项产品中，不仅让内衣更加适合中国女性身体的曲线，更是将内衣产品提升至新的科技高度，全面引领着中国内衣的潮流与发展方向。

同时，安莉芳集团开创了内衣体验式营销的先河，在国内首创试衣间，以专业的服务人员提供专业的试衣指导，并把国际化的内衣理念、西方美学的内衣概念和内衣的品牌理念逐渐带入国内。

为了满足女性多元化的内衣需求，安莉芳采取了多品牌的发展战略，在细微之处给予女性无微不至的关爱，这其中包括优雅、舒适、时尚的母品牌安莉芳；年轻、时尚，以Sexy&Chic为品牌核心的芬狄诗；健康、清雅、功能为主打的Comfit；轻柔、华贵、精巧，由国际著名内衣潮流大师亲力设计指导的奢侈品牌Liza Cheng；时尚、专业品质的亲民品牌E-BRA；面向城镇，崇尚清新性感，Fresh&Sexy 的安朵；以及精细考究、充满时尚活力的精英男士品牌IVU。随着安莉芳居家衣饰原创设计大赛的启动，未来居家服饰系列又将成为安莉芳新的增长点。

制造出美丽的产品是安莉芳恒久奉持的企业使命和孜孜追求的价值观。为了把产品做好，安莉芳“追求卓越，永无止境”。首先，强大的创新技术，是美丽产品的保障，让高科技在细微处给予女人无微不至的关爱：轻柔杯、超低心位内衣、复合结构呼吸罩杯、智慧肩带、三维立体减压钢圈、自锁调节前扣、鱼油美肤里料等众多独创工艺、杯型和挑剔的面料选择，绿色生态纺织品的认证承诺，确保了产品独特的品位和不凡的舒适感；而丰富完善的产品线：文胸、内裤、塑身衣、泳衣、睡衣、家居服、时尚暖衣等则伴随现代女性丰富多彩的人生，在不同时间，不同场合都得到无微不至的关爱，践行美的生活理念。

经过40年的稳步成长，安莉芳至今已发展为总部设于香港，在深圳、常州、山东、上海拥有大型生产基地或办公大楼，零售业务遍及中国内地、中国香港、中国澳门近300个城市，销售点2000多个，聘用员工8000余人的大型企业集团。作为中国品牌内衣的领军企业，安莉芳自主研发专利技术四十多项，是行业首家获得ISO管理认证和绿色生态纺织品认证的企业，也是三大国家标准十八大行业标准的起草单位。

自20世纪90年代初期进军国内市场以来，集团业务发展一日千里。至今，无论在商誉，管理，品质控制，还是在产品销售方面均有良好表现，历年来深受各界认同，获奖无数：连续十多年全国市场同类产品销售冠军、连续多年获授香港超级品牌称号、全国服装行业百强企业、“产品质量国家免检”产品、“中国文胸行标志性品牌”、“广东省名牌产品”、“中国名牌产品”、“消费者信赖的知名品牌”、“最具影响力的深圳知名品牌”、“中国环境标志优秀奖”等。

都市丽人

当国外快时尚品牌在中国迅速铺店强占市场的时候，中国本土有一家内衣品牌企业将发展重点瞄准到了“快时尚”，于2012年开始向快时尚模式转型。都市丽人是广东都市丽人实业有限公司旗下的内衣品牌，1998年成立于广东省东莞市，并于2014年6月在香港证券交易所挂牌上市。经过10多年的努力，都市丽人终于跻身内衣行业的前列。

查看都市丽人2015年上半年财报时发现，截至2015年6月30日，都市丽人店铺总数量为8253家，其中包括加盟店6859家，自营店1394家；2015年上半年新开649家店铺，其2015年上边年净利润为2.7亿人民币，同比增长了40.67%。

都市丽人每年的设计研发款式数量达到3000种，其中上市销售的新品数量达1000种，形成了一种内衣界的“快时尚”模式。都市丽人2003年开始采用“一站式购物”商业模式，扩充店内商品种类，除了女士内衣裤之外还包括了袜子、居家服、睡衣、保暖服饰、男士内衣裤，致力于满足用户所需全品类的贴身衣物的需求，都市丽人方面曾经表示开创“一站式购物”模式有助于培养用户的品牌忠诚度。都市丽人“一站式的购物”模式与传统的内衣店的销售模式形成了差异化，在当时品牌扎堆，商品单一的内衣市场开创了一种新兴的商业模式。都市丽人旗下有四个系列品牌：欧迪芬旗下三个品牌、韩国路线的freeday以及儿童内衣品牌眯雅佳。

2015年3月，都市丽人以9200万人民币的价格收购上海贴身衣物零售和制造商欧迪芬；2015年3月同样收购了贴身衣物品牌璐比及伊夏。都市丽人希望通过收购以上两个品牌进入高端内衣市场，提高其在内衣市场上的渗透率，更多与高端用户人群建立联系。都市丽人表示这是其进入高端内衣市场的一次尝试。

2015年6月，都市丽人收购578家零售店，店铺主要位于一、二线城市的购物中心及百货商场。据了解，都市丽人最初是以二、三线城市发展起来的，其2014年财报中显示，三、四线城市是其业务发展的主要集中地。这次收购也是意在进入一、二线城市市场，逐步进入市中心。

2015年6月，都市丽人推出儿童贴身衣物品牌眯雅佳，并与迪士尼展开合作，生产带有迪士尼卡通人物的贴身衣物。此外还与三丽鸥集团合作推出印有诸如凯蒂猫和酷企鹅等卡通人物图片的产品。

爱慕

爱慕集团诞生于首都北京，是国内知名的原创内衣品牌。自1993年创建以来，爱慕专注于为东方女性提供融科技与时尚于一体的内衣产品，并赋予其产品优雅、精致的内涵。爱慕内衣连续多年被中华商业联合会监测为中国内衣市场综合占有率第一位，目前已跻身于中国时尚(内衣)领军品牌行列并积极拓展海外市场。

爱慕旗下现拥有爱慕、爱慕先生、爱美丽、兰卡文、心爱等多个内衣品牌，还有爱慕一家人生活体验店、代理海外高端品牌BECHIC集合店，泳衣，以及个性化内衣和礼服定制工作室。近年来爱慕还拓展文化事业和文化产业，投资了丝绸文化品牌皇锦、苏州昆曲会所、爱慕美术馆等文化机构。

从某种意义上来说，爱慕就是中国内衣产业从咿呀学语，直到独立行走的一个缩影。也许，破译它的成功密码，能为更多追梦的内衣品牌打开一扇崭新的视窗。

爱慕按照消费者购买水平和层级对不同品牌进行区分，比如兰卡文针对高端消费人群，爱慕针对较为成熟的中高端消费人群，爱美丽针对相对年轻的消费人群，心爱则是针对网络消费人群。根据不同群体的特点，各品牌识别系统、专柜形象、产品设计风格都有很大的不同。举例来说，兰卡文一般都进驻燕莎、新光天地、赛特等最高端的商场，在品牌传播上也有意识地与其他品牌区分开，体现其高端化特色。

颇有几分文艺味道的爱慕时尚生活馆，便是爱慕时尚经营的一种表达。爱慕时尚生活馆主框架包含了6种不同的生活情景，分别由爱慕的6个时尚品牌引领表达。除了爱慕自己的4个姊妹品牌外，更隆重推出国际顶级泳装品牌GOTTEX和欧洲顶级内衣品牌LISECHARMEL。6个品牌的辅助图案贯穿，构成时尚生活馆整体的装饰图案，从视觉上增强了人们对品牌所代表的某种精神情感的捕捉和认同。

与以往开设的旗舰店有很大的不同，爱慕时尚生活馆不再简单地展示与售卖产品，而是加强了引导消费者掌握正确穿着理念的内容。据爱慕负责人介绍，借助这样的空间设置，能很好地提示人们在不同场合或不同环境中不仅要注重外在修饰，更能懂得时尚内涵与环境匹配的重要性。

马桥经编

浙江海宁经编产业园区自2013年8月份国家质检总局同意筹建“全国经编产业知名品牌示范区”以来，围绕区域特色集群产业做文章，建立健全工作机制，加强政府政策推动，加大创建宣传氛围，夯实品牌创建基础，既将示范区创建与日常工作紧密结合，又以示范区创建带动特色亮点工作的升华，通过“全国经编产业知名品牌创建示范区”建设活动，推动企业产品质量，提升经编品牌特色，推动行业优化升级，增强产业集群核心竞争力，树立了区域经济形象。

一、区域名牌引领，提升品牌示范的“支撑力”

园区早在2008年12月就把注册集群品牌“马桥经编”成功创建为浙江区域名牌，为了推广使用好这张金名片，园区开展了一系列工作，为品牌示范的创建提供强有力的支撑。

（一）建好三大机制，形成合力抓推广

一是建管理协调机制，成立“马桥经编”浙江区域名牌管理委员会，制订《“马桥经编”浙江区域名牌推广使用和监督管理办法》和相应的推广使用文件，建立区域名牌推广使用联席会议制度、监督检查制度，为有力有序推进区域名牌的推广使用强化制度保障。二是建梯度培育机制，分龙头企业、骨干企业、中小企业三级建立推广使用梯队目录，实施动态跟踪，确立推广使用梯度内龙头企业20家、骨干企业50家，并为申报使用的企业建立《“马桥经编”浙江区域名牌推广使用动态跟踪服务档案》，内容涵盖质量基础条件、产品质量监督抽查、标识使用、跟踪服务、改进要求等项目。三是建准入退出机制，综合运用设置质量基础管理门槛和质量诚信门槛、强化产品质量检验准入把关和持续保持把关以及区域名牌规范使用把关，确保准入高标准、退出严要求。

（二）强化两头监管，突出重点抓推广

一方面，强化对企业的跟踪监管。对区域名牌推广使用企业减少监督抽查频次，侧重于区域名牌使用情况跟踪，充分发挥其示范带动作用。另一方面，强化对其他企业监督检查。加大对推广使用消极、质量基础管理差、产品质量不稳定、无标生产等的企业增加监督抽查频次，加大监督检查及后处理的力度，加大质量失信惩戒力度，发挥质量监督威慑作用。通过强化两头监管，带动和促动梯度培育企业按照准入要求持续改进，加快推广使用进程。

（三）完善质量诚信体系，规范提升抓推广

开展园区企业质量守信承诺活动，出台了《园区质量自律办法》，分步推行诚信质量制度，分层签定《企业质量诚信承诺书》，进一步引导企业强化质量诚信自律，把质量诚信自愿、自觉、自发内化为创新发展的动力源泉和企业文化，提高企业的自我约束意识、自我规范能力和诚信发展水平。园区20余家亿元以上企业发出了质量诚信倡议，78家企业主动签订了质量承诺书。

目前已经有7批47家企业获权使用“马桥经编”浙江区域名牌。“马桥经编”浙江区域名牌推广使用，对于提高区域特色产业美誉度、知名度、综合竞争力，增强企业生产与发展能力、掌

握生产经营主动权、提高产品质量和经济效益，具有深远意义和积极作用。一是企业质量管理基础进一步夯实，园区内新增通过标准化良好行为确认企业5家（共10家），新增计量检测体系确认3家（共5家），新增质量管理体系认证企业30家（共78家）。目前已在园区树立卓越绩效管理模式标杆企业2家，浙江锦达新材料股份有限公司等18家企业已经或开始导入卓越绩效管理模式。二是企业投资力度和科研能力进一步增强。今年以来，“马桥经编”区域新增国际先进水平的经编设备40台套，累计已达1300多台套。今年企业意向技改投入超过10亿元，50多个新产品申报各级新产品验收。三是区域效应更加突出。截至2014年10月，“马桥经编”区域内入园企业538家，较2008年底增加了77.56%，特别是吸引了来自上海、江苏、福建等外省经编企业入驻。人才方面也吸引了大专院校、科研院所、研发设计机构加盟园区企业。四是个体品牌创建得到很好带动，目前园区拥有嘉兴市级以上各类名牌产品（著名商标）49个，其中中国驰名商标3个、中国名牌产品1个，真正形成了创建品牌示范区的浓厚氛围。五是经济效益持续走好，2013年园区平均每亩土地产值438万元，人均年产值达到108万元，人均利税8.1万元，远远高于全国纺织行业的平均水平。

二、创意平台触动，提升品牌示范的“辐射力”

知名度与品牌同行，但在“马桥经编”的旗号刚刚打出时，业内外不仅对“马桥”不熟，甚至对“经编”这一纺织细分门类也不熟悉。为了让“马桥经编”为更多人所熟知、欣赏，园区自2006年发起并组织承办经编设计大赛，至今已连续举办九年。

（一）单一产品至覆盖全产品类

首届大赛以“海宁·中国经编服装设计大赛”命名，设计作品仅限于服装，原料采集也仅限于服装面料。后更名为“海宁·中国经编设计大赛”，参赛范围覆盖到全品类，包括服装、装饰、产业用三大系列经编产品，其中装饰用经编产品融汇于玩偶和家纺设计，产业用经编产品融汇于概念设计，包括休闲/运动、经编毛皮、花边蕾丝、户外用品、学生校服、床上用品、沙发窗帘、毛绒玩偶、经编箱包和特种产业用料“概念装”等十大分赛事。其中，“概念装”演绎了汽车用纺织品、军需产品、生物医用纺织品、航空航天材料、游艇外壳等产业用经编产品，借助设计师的灵动创新思维和模特的曼妙身体语言，呈现出独特一面。

（二）从线下覆盖至电子商务

从线下走向网络，这是大赛举办到第八届时的一大改革，携手中国最大、最专业的网络购物平台，“天猫（Tmall）”（浙江淘宝商城网络有限公司）合作，成立Tmall卓越时尚设计师文化创意平台，重点推出签约设计师项目，签约大赛金奖设计师，为设计师和消费者搭建桥梁。大赛还借助淘宝进一步提升大赛知名度，实现大赛的网络化征稿、推广、评选和展演，并评选出网上最佳设计奖。

（三）以点带面至覆盖全产业链

第九届中国·国际经编设计大赛首次面向完整的经编产业链。原料、织造、产品设计加工等产业链企业全面参与，侧重点由历届单一关注服装、家纺等终端产品设计，更全面地转向前道新型原料应用及面料创新设计及生产。大赛设置面料设计和服装设计两个分赛，突出经编产业从原料到织造再到成品创意设计的全线过程，充分表达出经编产品的实用性和时尚性，提升经编行业产品研发与设计能力的整体素质。

（四）行走模式覆盖大文化精髓。

历年来，大赛采用联手国内外纺织类知名高等院校和行业龙头企业的“行走模式”，合作单位在哪里，就要走要哪里，实现跨越中华大地，从发源地海宁到时尚之都上海，从首都北京到历史文化名城西安，从休闲之都杭州到中部核心武汉，融合了东西南北各地文化和时尚元素，面向各大经编生产企业、服装院校、社会各界服装设计人员和爱好者，不断传承、发展和开创经编产品的原创性与时尚性，加强了中外经编产品的设计、交流、展示与合作。

经编设计大赛的连年举办，取得了很好的社会效益和经济效益，特别是“马桥经编”的形象得到大幅提升。九年来，先后吸引15000多名选手报名参加，200多家企业参与其中，先后评选出数百份经典的优秀经编相关设计作品，展现了“马桥经编”的无限魅力。通过大赛的平台，“马桥经编”走向了全国，经编产品走向了大众。经编设计大赛明显提高了消费者对经编产业及产品的认知度，扩大了经编产品在产业链中的应用，培育出更多优秀的经编产业设计人才，让“马桥经编”以中国经编产业代言人的身份，提升了中国经编行业产品研发与设计能力的整体素质，为推动经编产业的不断发展提供了时尚而广阔的平台。

三、质量标准护航，提升品牌示范的“保障力”

品牌的美誉度和知名度同样重要，而产品品质是美誉度的根基。园区坚持品质提升，标准先行，深度优化四大平台，强化品牌支撑。

一是优化标准化信息服务平台，帮助企业实时对接标准前沿。强化经编标准化信息服务子平台的运用与推广，制作和分发标准信息服务子平台宣传册，进一步提高服务平台的知晓率，扩大覆盖面，目前通过集体注册方式已注册企业500余家，开展平台应用技能培训28期，受训人数600多人，平台运行情况良好，并已开始显现作用。如龙头企业浙江海利得新材料股份有限公司通过标准信息综合平台查询，及时了解了美国有关儿童产品限制指标要求执行的过渡期限，为有效应对和防范技术性贸易壁垒争取了主动。

二是优化检验检测平台，提升落户园区的浙江省经编产品质量检验中心综合检测能力。目前该中心（浙江中天纺检测有限公司）检测能力已达到95类产品和339项方法标准。针对欧盟ROHS指令、美国消费品改进方案的实施，拟增加重金属含量、富马酸二甲酯、邻苯二甲酸盐项目的测定，扩项申请前期标样制备、标准研究、与相关国外知名实验室了解沟通等相关准备工作已经开始。承担并制定“马桥经编”浙江区域名牌《涤纶针织面料》和《柔性灯箱布》等多个产品监督检查评价规则，全面完成了对每批申请使用“马桥经编”区域名牌企业产品检测任务。

三是优化标准创新平台，积极发挥园区内浙江省经编产品标准化技术委员会的作用。指导或参与制定了《刀刮涂层织物》《针织泳装面料》《涤纶针织面料》《复合材料基布》等12项国家或行业标准。同时制定及推广实施联盟标准10个，推广实施企业28家。联盟标准的推广实施筑起了经编产业质量提升和创新升级“高地”，带动标准创新工作不断深化，园区内现拥有浙江省标准创新型企业3家，嘉兴市标准创新型企业3家，海宁市标准创新贡献奖企业3家。

四是优化教育培训平台，帮助企业强化质量

基础管理。分企业领导层、管理层、一线操作工三个层面，组织开展卓越绩效管理、质量、标准化、品牌、检验检测、操作技能等一系列培训班9期，568人次接受了有关业务知识培训，其中管理人员占总培训人数1/3以上，进一步夯实园区企业质量管理基础，帮助企业解决理念问题、基础管理薄弱问题和提高操作人员的质量自控能力。

在标准的引领下，园区推进行业企业规范自律，构筑质量诚信“高地”。以联盟标准推广实施、区域名牌推广使用、示范创建等为抓手，倒逼企业强化质量诚信自律，督促企业严格执行出厂检验制度，建立售后服务制度，开展用标识明示质量等形式的质量诚信自律活动，在中国经编信息网、中国经编产品网、海宁经编产业园区网三个网络平台上建立售后服务网络和质量投诉平台，妥善处理客户的投诉。而行业标准、国家标准的起草，也为“马桥经编”建立了话语权，展示了行业地位，为创建示范区提供“保障力”。

四、总部经济助推，提升品牌示范的“联动力”

园区在全国经编行业中率先提出发展总部经济，并建设首个经编总部商务区（经编生产性服务业集聚区），其核心区规划建设面积1平方公里，截至目前，经编总部大厦（商城）、科创商贸中心、中鑫创业园等区块已投入启用，今年1~9月，区域内拥有注册企业250家，从业人员1807人，实现营业收入31.99亿元。园区围绕一流环境、一流人才、一流服务、一流产业“四个一流“，重点推进“两园三中心”建设，使服务业与经编产业互动互推发展，最终实现“马桥经编”转型升级。

（一）建设国家大学科技园

引入国家大学科技园——上海工程技术大学国家大学科技园海宁园区，总规划面积11万平方米，以中鑫创业园标准厂房和科创商贸中心为主要区域，打造创新孵化区、研发加速区、产业协作区和配套功能区4个区块，重点引进优质高新技术企业，成为经编创业企业孵化、高新技术成果转化、创新创业人才培养基地。

（二）建设沪浙人力资源服务产业园

合作共建人力资源服务业集聚区，总规划面积约1万平方米，目前已引进高质量人力资源服务企业9家，实现营业收入2000万元，为经编企业引进高端人才提供了直通渠道。预计到2016年将集聚30家企业，营业收入达到2.8亿元。

（三）打造准金融中心

重点引进集聚担保、小额贷款、融资租赁、创业投资、基金、保险、审计等准金融服务业，截至目前已成功引进融资租赁公司1家、担保公司2家、小额贷款公司1家、基金公司37家，今年1~9月实现主营业务收入1.3亿元、利税4136.8万元，其中海宁嘉丰担保有限公司在嘉兴地区58家融资性担保机构综合排名位列第一，荣年租赁是一家经商务部批准成立的专业从事融资租赁的香港独资企业，是“2013年度十佳服务业企业”，助推着中小经编企业的发展。

（四）打造工业设计中心

发挥产业工业设计基地的技术集成与传播辐射优势，构筑特色工业设计基地服务平台体系，连续举办九届中国国际经编设计大赛和五届经编交易会，充分发挥中纺经编研究院、中天纺检测中心、实验工厂和海利得车用差别化纤维研究院等科技平台的作用，鼓励企业加大研发投入，推进技术（设计）等创新平台建设，构建开放式的产学研用合作平台，推动现有产品朝成品化、成套化、智能化、品牌化、功能化为发展方向，全面推进产品结构调整优化，增强市场竞争力。

（五）打造智慧创意中心

结合“两化”深度融合综合示范区建设，深入推进“四换三名”工程，着力培育新型产业态，大力发展软件信息、互联网、电子商务、人力资源、文化创意等智慧产业，建设海宁首个和“国千”大厦，重点引育国家、省千人计划人才和嘉兴领军人才，截至目前已有5个“国千”项目落户，新浪（浙江）产业园、互联网产业园等2个信息经济专业园签约入驻，努力形成附加值高、辐射力强、带动性大的信息服务业产业体系，引导经编产业向电子商务拓展。

经编总部商务区的建设，使园区成为国内首个发展特色产业总部经济的集群地，为“马桥经编”这一集群工业提供了丰富的服务业基础，引领着“马桥经编”向科技型、创意型、时尚型、信息型、人才型现代化产业集群迈进，不断扩展着“马桥经编”的业内外影响力。

五、产业集聚抱团，提升品牌示范的“竞争力”

作为特色产业集群地，经编园区现有500多家入园企业，其中85%以上从事经编及相关产业，形成了原料、织造、深加工、成品等前、中、后配置合理的产业链。园区始终把经编产业作为“一号主导产业”，坚持做大做强做优“马桥经编”不动摇。

（一）扶优扶强培育龙头企业

连续5年出台工业经济扶持政策，累计投入2000万元专项资金提升经编产业核心竞争力，拥有规模以上工业企业150家，其中20亿元以上上市企业1家、亿元以上29家，具备2000多种经编产品的生产能力。

（二）创新研发出高精尖产品

成立全国首个经编专业性研究机构——中纺经编研究院，优化整合现有资源搭建公益性、战略性、基础性“三合一”的科技服务平台，发挥“技术开发、科技孵化、技术转移、专家咨询、人才培养”五大功能，为经编企业提供研发、检测、培训“一条龙”服务；建立产学研战略联盟，先后与东华大学、江南大学、浙江理工大学、上海工程技术大学等高校开展科技合作，通过经编技术学会、专家服务组、创新平台、院士专家工作站等科技平台，引导企业走差异化、高端化路线，累计研发国家和省级新产品600多个、获得各类专利1000多个。

（三）“退低进高”促进转型提升

编制园区总体规划和产业导向规划，完善亩产效益考评机制，设置项目用地容积率、建筑密度、投资强度等集约控制标准，按照要素市场化改革要求，淘汰不符合国家产业政策和节能减排要求的落后产品、技术和工艺设备以及一批不具有能源资源利用优势、产品附加值较低的相对落后产能，园区土地利用集约度综合分值达到98.88%，土地亩均销售超过400万元。

（四）环境友好坚持可持续发展

发布全国首份产业集群社会责任报告，全面

实现园区集中供热、供气和清洁生产，成功创建省级循环经济示范园区和纺织行业“美丽纺织·责任发展”示范区；率先启动“空气清洁行动”，开展印染和化工行业整治提升、贴合复合等后整理企业废气治理和工业企业煤改气试点；持续开展“五水共治”，实现工业企业截污纳管全覆盖，基本消灭黑河臭河垃圾河，断面水质同比提升28.12%。

强大的产业支撑和集群规模，形成了单打独斗难以具备的“竞争力”。目前，园区的经编业经济总量约占全国总量的20%，企业生产的经编灯箱广告布、蓬盖布约占国内市场的70%，赢得了较大的行业话语权。

六、行业协会斡旋，提升品牌示范的“凝聚力”

园区在建园早期就成立了马桥经编协会，下设等KS、双轴向等多个分会。对外作为本行业的代言人，马桥经编行业协会具有较高的权威，在保护和提升会员企业的合法合理权益上作出很多努力，并把会员企业拧成一股绳，形成了社会管理和服务的合力，

一是充分发挥协会的服务作用。经编协会积极帮助企业解决资金困难、提供市场信息、技术培训、劳务中介、法律咨询等服务，组织或举办各种会展、培训、考察，扩大对外交流与合作，提升产业发展层次。多年来，协会先后根据会员企业需求，组织前往江西婺源、浙江宁海、安徽广德、江苏常州等周边地区以及澳大利亚、新西兰、阿联酋、埃及、南非、北欧、美国、英国和爱尔兰等国家和地区考察学习。每年组织出口产品风险警示、财务知识、企业管理、职业经理人等相关培训不少于10次。

二是充分发挥协会的组织作用。园区产业集聚程度高，行业间的竞争就比较激烈，同行是冤家的思想在不少企业中根深蒂固，有时甚至激化为恶性竞争。园区积极发挥行业协会作用，引导行业企业对内以利益为导向，促进区域内企业推墙合界，错位竞争；对外以整合资源为抓手，引导区域内各企业团结一致，共同进退。协会定期组织经编革基布、双轴向网布、高强丝基布、机织布以及PVC压延膜等同类产品较多、同质竞争激烈的行业分析协调会，协调产业链关系，传递产业经营信息，平衡价格。此外，当会员企业遇到行情动荡、化纤原料丝价格波动、下游企业信用滑坡等问题时，协会会随时根据企业的需求，召集相关企业举行行业座谈会议，及时沟通并发布权威信息，避免企业由于信息闭塞而走入误区，造成不必要的损失。

三是充分发挥协会的协调作用。在当前经济社会转型时期，企业在生产经营过程中必然会出现一些不稳定、不和谐的矛盾和问题。针对园区实际，行业协会通过内部调节、自律管理维护协会内部稳定，保证企业、产业发展的稳定。如园区内大部分企业由大都市热电公司供汽供热，在价格、结算方式上多次产生矛盾。协会及时召集受用汽双方召开座谈会，制定了海宁唯一一个《煤汽联动定价机制》，不仅确定了当时的供汽中心价格，也确定了日后供汽价格的定价机制，解决了一直困扰园区及周边受用汽企业的心结，成为率先在海宁市供热市场解决价格突出矛盾的典范。另有海宁超强经编等13家企业从德国卡尔·迈耶集团引进的近20台6.8米双轴向经编机，自投产后一直出现各类疑难故障，严重影响企业正常生产。协会及时发函至卡尔迈耶总部，总结阐述机器存在的八方面问题并提出六方面要求，引起德方高度重视，派专员就质量缺陷和售后不完善与企业进行座谈，并使德国公司最终基本满足了受损严重企业的诉求。

四是充分发挥协会的监管作用。行业协会积极承担上承政府与下联企业的“桥梁纽带”作用，经常到基层调研，并形成调研文章，为政府决策提供参考，如去年组织企业为海宁市整治燃煤小锅炉建言献策；协助省标技委、中天纺检测中心开展标准准入、区域名牌质量监管；发起建立诚信体系，加强行业自律，公布相关黑名单；关注行业动态，使灯箱广告布等园区主打产品在海关归类中保持退税率高的类别。

张槎针织

一、“张槎针织”区域品牌成立背景

张槎针织业起源于20世纪80年代初期，是张槎的传统产业，也是张槎经济的重要支柱。经过多年的发展，张槎针织业从分散到集中，从小到大，逐步成长为产业链配套齐全的中国知名的针织产业集群。

“张槎针织”以其在国内针织行业的重要地位，1999年就得到中国针织工业协会的高度重视，有关专家多次对张槎针织行业的可持续发展和产业升级提出科学的指导意见。2003年，张槎街道荣获中国纺织工业协会、中国针织工业协会颁发首个“中国针织名镇”荣誉称号。“张槎针织”集体品牌2006年注册，2009年12月国家商标总局批准授权使用“张槎针织”品牌。

二、“张槎针织”区域品牌发展措施

近年来，张槎街道开展了一系列活动以加快张槎针织产业转型升级的步伐，使其在区域品牌建设上迈出了先行的一步。在为提升传统针织业所作出的努力上，张槎的主要思路是：生产往高端发展，产业形态宽度延伸，利用信息化推动产业升级。

（一）筹办“针织30年”的活动——“针尖上的张槎”系列活动

张槎党工委、街道办筹备了“针尖上的张槎”系列活动，包括与张槎针织相关的大型图书和影视作品，建设中国针织产业博物馆、中国针织产业联盟、中国针织时尚发布中心、中国针织电子商务示范基地等项目。

关于针织行业的大型图书《针尖上的张槎》由张槎街道党工委宣传办公室、张槎商会等联合佛山市青年产业工人作家协会、佛山市文学院等部门联合制作，对张槎针织业30年发展状况从企业家的角度进行了全面与详尽的记录，国际纺联主席、中国纺织工业联合会会长王天凯为本书作序。此书在2014上海国际博览会上进行首发。由佛山市价值传媒有限公司负责《针尖上的张槎》宣传片、画册的策划、包装及制作，通过高科技航拍、后期动画特效制作等手法，全方位、多角度地展示张槎针织产业的真实风貌，令观众对针织产业的发展有更直观和清晰地了解。通过举办“针尖上的张槎”系列活动，张槎针织30年积淀的优势得以沉淀，资源得到整合，进一步推动张槎针织区域品牌的建设和整个产业的提升、发展。

（二）召开2014年中国针织行业高峰论坛

2014年6月24日下午，在佛山马哥孛罗酒店举行2014年中国针织行业高峰论坛，此次盛会邀请了全国各地针织行业的领导及企业家共600多人参加。这次论坛紧紧围绕当前中国针织行业最热门、最受关注的发展话题，探讨产业未来发展、产业电商新格局，总结行业新变化，探索中国针织行业渠道发展之路。继续推动传统产业提升转型，讨论筹建中国针织产业联盟，建设中国首个针织博物馆，筹办针织“金针奖”设计大赛等。

该论坛集制造商、渠道商、上游供应商、产业金融专家、产业电商名企以及政府领导、行业协会领导、业内资深专家及主流媒体等于一堂，共同呈现一场头脑风暴与智慧盛宴。本次论坛上，张槎再次被中国纺织工业联合会、中国针织工业协会授予了“中国针织名镇”的称号，东成立亿产业园被授予“中国针织电子商务试点基地”的称号。

（三）组团参加上海国际博览会

2011~2015年，张槎街道办事处连续四年组织企业到上海参加2014年中国国际针织博览会。张槎针织企业多次以组团的形象亮剑上海国际博览会，向世界各地客商打响了“中国针织名镇——张槎”的名声，宣传了“张槎针织”的区域品牌。

以2014年的上海国际博览会为例，张槎展团精心筹备了展团的活动，亮点纷呈，引来嘉宾观众、行业媒体的极大关注。举办了展馆的首个开幕式，并得到国际纺联主席、中国纺织工业联合会会长领导的肯定与赞扬。展会结束后，佛山市禅城区张槎针织服装行业协会制作了调查问卷，对参展效果及收获进行了统计。据统计，2014年展会上张槎2000多平方米的展位中，客流量达到10万人次以上，洽谈人数8000人次以上，接待外商人数1500人以上，意向成交额达7千多万元。更多的客商、企业开始认识、了解张槎展团，张槎针织的名声进一步宣传到世界各地。

（四）举办广东省“张槎针织杯”纬编工职业操作技能竞赛

2014年7月21~23日张槎街道举办了“2014年广东省纺织行业‘张槎针织杯’纬编工操作技能竞赛”。获胜选手组队参加全国大赛，最终取得了优秀的成绩。技能竞赛的举办提高了产业工人的积极性，推动针织产业人才的培养，是推动针织产业升级的重要举措，有利于“张槎针织”区域品牌的长远发展。

（五）开展“全国知名品牌创建示范区”申报项目

国家质检总局于2012年6月开始，在全国范围内组织开展“全国知名品牌创建示范区”建设工作。张槎针织具有较好的产业基础和较高的区域品牌知名度，两次获得中国纺织协会授予的“中国针织名镇”荣誉称号，申报“全国知名品牌创建示范区”将会为张槎针织产业的转型发展带来新亮点、新动力。

2015年，张槎申请创建“全国知名品牌创建示范区”，以政府支持，商会牵头，企业为主体，成立了以禅城区领导为组长的专项项目小组，发动企业积极地参与到创建工作中。项目经过资料筹备、初步审核、考察修改、资料完善几个阶段，六月初由禅城区政务委员高成建，张槎党工委副书记、办事处主任颜雪峰带队，区、街道相关部门及骨干企业董事长一行共11人组成“张槎针织”项目团队前往北京进行答辩，现已获得国家质监总局[国质检质函〔2015〕410号]批准，同意筹建“全国丝光棉针织服装产业知名品牌创建示范区”。“全国知名品牌创建示范区”作为“国字号”项目和荣誉，不仅有助于辖区内企业在争创名牌产品、中国驰名商标等称号上获得优先权，而且对行业、企业提高产品质量，加强和扩大区域品牌竞争力，打造国内甚至国际影响力的区域品牌具有重要作用。

大唐袜业

以大唐镇为核心的大唐袜业经过30多年的发展，已形成包括袜业机械制造到各种原料生产，再到袜子的生产、染整、定型、包装、营销、物流等全过程的一条极为完整的产业链。先后被评为“全国百佳产业集群”、“全国袜业知名品牌创建示范区”、“全国工业产品质量安全示范区”、“中国针织原料生产基地”、“中国针织原料市场”、“华东精品袜业园”、“中国袜子名镇”、“浙江省现代产业集群示范区”等称号。大唐袜业作为诸暨市“6+2”现代产业体系中的一大支柱产业之一，已形成以下六大优势：

一、规模总量优势

全市现有制袜企业1万余家，袜机12.7万台，2014年全市生产袜子258亿双，实现生产总值740元，其中大唐镇生产袜业85亿双，实现生产总值353亿元、销售收入337亿元和利润31.6亿元。目前，大唐工业产值的70%、农民收入的70%、农村就业的70%都来自这一产业。大唐袜业对于实现共同富裕，缩小贫富差距，具有独特的作用，是典型的富民经济。

二、产业结构优势

大唐袜业集群的横向分工与垂直分工极为明显，现已形成包括袜业机械制造到各种原料生产，再到袜子的生产、染整、定型、包装、营销、物流等全过程的一条极为完整的产业链。可以说在大唐任何一款先进的袜机和配件都可以买到，任何一款袜子都可以生产，任何一种主要原料都可以生产和配置。由于产业链完整，从而使袜业生产的要素高度集聚，资源配置成本大幅度降低，竞争力大大增强。据测算，大唐因产业集群和产业链优势可以使成本降低1/4~1/3左右，从而成为袜业发展的不竭动力和取胜法宝。

三、装备技术优势

整个大唐袜业目前共有各类袜机12.7万台，其中具有国际先进水平的高档电脑袜机近6万台，还有前后道配套设备2万多台，袜业的部分装备、配套设备和关键技术已达到国际先进水平。大唐袜业还形成了较为完善的科技创新体系，有1家国家高新技术企业、5家袜业研究所、2家轻纺产品检测中心、30多家厂办研究所，科技创新和新产品开发能力已经成为“撬动”传统产业提档升级的两个有力“杠杆”。

四、品牌集聚优势

在各级各部门的大力支持下，大唐袜业区域性整体品牌已在国际国内拥有一定的知名度，并已引起国内外广泛关注。据估算，“大唐袜业”这块品牌价值达400亿元。目前国际针织行业的知名品牌也纷纷在大唐设立销售代理机构，机械类有意大利罗纳帝、罗伯特、圣歌、日本永田精机、韩国兄弟袜机等代理机构，袜子知名采购商有美国沃尔玛、英国玛莎、德国TCM、日本富金助等。大唐袜业已拥有中国名牌3个，中国免检产品2种，中国弛名商标11个。

五、市场集散优势

在过去的二十多年时间内，大唐袜业专业市场建设不断加大投资力度，经过了四次“洗礼式”演变历程。2014年，浙江大唐袜业城年成交额超130亿元，先后被评为“全国文明市场”、“全国百强市场”、“ 浙江省四星级文明规范市场”，并已连续成功举办十一届中国国际袜业博览会。2014年，建成并启用总投资6.2亿元的中国针织原料市场。

六、外向带动优势

近年来，大唐的外向型经济取得了突破性的进展，每年引进合同外资都超过4000万美元。尤其是一些世界知名袜子和原料企业，如美国杜邦、德国拜尔、日本伊藤忠等企业纷纷驻足大唐，或投资办厂或设立窗口，从而有力地推动了产业升级，大唐镇现已有50多家外资企业。同时大唐的企业也纷纷跨出国门，设立窗口、投资办厂，从而使袜业产业更好地融入到国际经济大循环中。

嘉祥手套

嘉祥手套产业起源于20世纪80年代，经过30余年的发展，已进入了集群化、规模化发展的新阶段，形成了防寒、滑雪、打猎、射击、运动、针织等六大系列、上千种手套产品的生产加工能力，以县城为中心，以重点乡镇为依托，向全县多数乡村辐射传导的发展格局和城区龙头企业集聚、乡镇驻地设厂、农村农户设点的发展态势，成为嘉祥最具特色和影响力的产业集群，是省级特色产业集群，全国唯一的“中国手套名城”，是中国纺织产业集群试点地区，也是全国最大的滑雪运动手套生产基地。

一、发展现状

近年来，嘉祥县委、县政府高度重视手套产业发展，不断通过各项举措加快产业转型升级。出台了扶持手套产业发展的专项政策意见，组建了嘉祥手套业协会，开通了中国手套网站，举办了手套高层论坛和手套产业博览会等系列活动，聘请中国针织工业协会制定了产业发展规划，规划建设了手套产业园，使嘉祥手套产业转型升级取得初步成效。

（一）总体规模迅速壮大

目前，全县现有手套生产加工及配套企业200多家、加工户500多户，年产手套600多万打，带动就业5万多人。滑雪手套国内市场占有率达到62.58%，国际市场份额占我国滑雪手套国际市场占有额的76.38%，荣居全国之首，是全国企业密集度最高、产量最大的滑雪手套生产基地。

（二）产业链条逐步完善

目前，全县手套产业从研发设计、检验检测，到生产加工、辅料设备、物流运输等各链条环节均已齐备。创建了集研发设计、检验检测、技术服务为一体的公共技术服务中心，带动润祥化纤、豪丰工贸等辅料生产、设备供应等配套企业50多家，兴建了物流、运输、商贸中介等服务企业10余家。

（三）自主创新能力明显增强

目前，全县手套企业拥有专利产品60多项。2007年由我县手套协会及骨干企业制定的滑雪手套行业标准被认定为山东省地方行业标准，并于2008年发布实施。制定的国家级滑雪手套技术标准已在工信部完成立项，力争年底完成申报，2016年发布实施。嘉祥县华兴手套技术服务中心被认定为省级公共技术服务平台和中国纺织产业公共技术服务示范平台。嘉祥剑华中兴滑雪制品公司研发中心依托自主研发的防火、防辐射救援手套技术被认定为省级一企一技术中心。

（四）集聚效应明显提升

为进一步加快产业升级，提升产业集聚优势和效应，县委、县政府规划建设了占地500亩的手套产业园，按照统一规划、统一标准的要求，设立科研孵化区、生产区、生活区三大功能区，主要为手套产业提供科研孵化、生产加工、展示交易、配套协作等服务。目前，园区生产区已基本竣工，现已入驻企业12家，已有7家企业投产。

（五）品牌建设初显成效

现有笑意达、NETTEX等自主品牌20多个。2005年，嘉详县荣获“山东手套名城”，2007年嘉详县被中国纺织工业协会授予“中国手套名城”称号，并成为国家纺织产业集群试点地区，2008年分别荣获“山东省十大影响力产业集群”、“中国产业集群竞争力百强”、“中国产业集群品牌50强”等称号。2011年成为济宁市特色产业集群。嘉祥街道依托手套产业成为省级特色产业乡镇。2012年成为省级特色产业集群 。2013年通过中国纺织工业联合会第三次复审，再次被命名为“中国手套名城”，成为全国唯一获此殊荣县市区。

（六）市场开拓能力不断提高

现有自营出口权企业24家，产品销往欧美、日本、韩国等30多个国家和地区。国内市场开拓速度显著加快，在全国50多个主要城市设立营销机构，成为双星、李宁等知名品牌主要加工基地。

二、采取的主要做法

（一）通过规划引导，明确产业主攻方向

近年来，立足产业发展实际，着力于手套产业做大做强的关键所在、根源所在，开展多次有针对性调研。坚持以论坛的形式，通过专家把脉诊断，确定嘉祥手套的主攻方向，明确在各个发展形势下的发展重点。2012年，特邀中国针织工业协会组织国内知名专家，制定了嘉祥手套产业转型升级发展规划。并定期邀请行业专家、知名企业来嘉祥进行调研论证，明确产业发展主攻方向。

（二）通过协会规范，凝聚产业发展合力

2006年9月成立了嘉祥手套业协会以来，着力突出协会在行业自律、产业发展等方面的重要地位，依托协会制定和完善了协会各项制度，连年组织企业参加慕尼黑纺织展、广交会等各种商贸活动。并以协会为主体，规划建设了嘉祥手套产业园。目前，协会的凝聚力、号召力、影响力得到了明显提升，会员企业已达到100余家。2013年12月，被中国纺织工业联合会授予“全国纺织产业集群优秀协（商）会”称号。

（三）通过培植龙头，增强企业竞争能力

加大龙头企业培植力度，切实发挥龙头带动作用。华兴手套技术服务中心被认定为省级公共服务平台，剑华中兴自主研发的防火、防辐射救援手套成为消防官兵指定用品。自主研制的滑翔机手套通过省级科技认定，填补国内空白。为发挥龙头作用，剑华中兴手套公司通过控股、兼并、购买等形式，在济宁周边地区设立了多处分厂，并在嘉祥各乡镇发展30多个“卫星工厂”，吸纳劳动就业1000多人。引导9家龙头企业注册成立了山东恒祥手套有限公司，积极打造手套企业集团。引导12家龙头企业入园发展，增强产业集聚能力。先后培育了亲意达、NETTEX、SUNTEX等20余个自主品牌。全成手套公司的NEXTEX品牌已经成为公司国外客户防渗、防水手套标志，作为国外知名手套品牌附加商标出口。

（四）通过标准支撑，提升产业发展质量

着力推动手套企业向规范化、科学化、标准化发展，从手套生产工艺、材料选择、产品标识、运输包装等方面进行科学规范。通过努力，嘉祥县制定的滑雪手套行业标准被确定为《山东省滑雪手套行业标准》，并于2008年初发布实施。这是我县出台的第一个行业标准，同时也填补了国内行业标准空白。启动的国家级滑雪手套行业技术标准已完成立项，计划2015年完成标准论证和申报，力争2016年发布实施。

（五）通过园区带动，打造产业发展平台

围绕加快手套产业转型升级，提升产业聚集效应，县委、县政府规划建设了占地500亩的手套产业园。按照集约化、现代化、国际化的要求，设立科研商务区、生产孵化区、生活服务区三大功能区。项目总投资12亿元，总建筑面积40多万平方米。项目建成后，可吸纳就业1.3万人，形成年产手套400万打、销售收入20亿元的规模。目前，园区生产区已基本竣工。立足产业链条完善，提升集聚效应，在手套产业园南邻规划建设了500亩的面辅料产业园，主要为手套、纺织服装等企业提供相关辅料生产配套，全力打造集商贸、加工、物流为一体的手套（服装）产业集群。

（六）积极融入“一带一路”发展战略

2015年3月28日，国家级规划《推动共建丝绸之路经济带和21世纪海上丝绸之路的愿景与行动》公布，随之“一带一路”进入实质性启动阶段，正在引领新一轮全球资源重新优化配置，把企业推到开放最前沿，跟国际产业分工接轨，在新的价值链体系里重新找到自身定位。嘉祥县为积极融入“一带一路”发展战略，紧抓政治经济援疆契机，借助新疆喀什英吉沙县作为古代陆地丝绸之路的驿站，南疆八大重镇之一，在国家“一带一路”发展战略中处于的重要位置和桥头堡作用。积极引导手套产业在英吉沙布局发展，引领嘉祥融入“一带一路”发展战略。引导剑华中兴手套公司在英吉沙投资办企，自2014年6月入驻英吉沙县以来，通过短短一年，迅速在英吉沙县掀起“嘉祥手套”产业模式。按照“中心工厂+卫星工厂”的经营发展模式，已建成集员工培训中心和裁剪包装物流中心为一体的手套工业园，启动卫星工厂11个，带动当地就业2000余人，并于2015年4月12日完成第一批4万双手套出口订单的生产任务，成功实现了成品出厂。力争2015年底，启动卫星工厂35个，产业触角遍布全县14个乡镇，实现就业4000人，5年内实现万人就业计划。

（七）放大“大众创业，万众创新”亮点优势

2014年9月，在夏季达沃斯论坛上，国务院总理李克强首次提出，要在960万平方公里土地上掀起“大众创业”、“草根创业”的新浪潮，形成“万众创新”、“人人创新”的新态势。此后，他在首届世界互联网大会、国务院常务会议和各种场合中频频阐释这一关键词。每到一地考察，他几乎都要与当地年轻的“创客”会面。今年李克强总理在政府工作报告又提出“大众创业，万众创新”，使“大众创业，万众创新”成为目前政府一直努力的方向。嘉祥手套作为“大众创业，万众创新”的切入点，已形成自身独特的创业创新优势。在创业带动上，嘉祥手套产业现有手套生产加工及配套企业200多家、加工户500多户，年产手套600多万打，带动就业5万多人。加工户基本覆盖全县80%以上村居，基本形成了“总部经济+分厂+加工户”的发展模式，打造出铺天盖地的就业带动发展格局。在创新带动上，手套产业首创“就业带动+”发展模式，即由剑华中兴、全成手套等龙头企业以园区集聚模式，形成企业总部经济，在企业总部的带动下，引导企业在乡镇驻地设立加工分厂，再由加工分厂辐射村居，设立村级加工厂，带动村居群体就业，再由村居加工厂积极带动以一家一户为主的加工户，形成产业大覆盖、就业大带动。营销模式积极拓展电子商务，促进外向型经济发展。积极引导企业利用阿里巴巴、淘宝等电商平台，扩大电商营销规模。支持企业建立产业电商公共服务平台。规划建设的嘉祥电子商务产业园，已入驻企业40余家，建设的中国手套网、兄弟连户外、尼特面辅料等电商平台已投入运营。

东北袜业

辽源市位于吉林省中南部，曾是煤炭资源型城市，已有百年历史。2005年被列入首批国家资源枯竭型城市经济转型试点以来，逐步形成了以纺织袜业、新材料、新能源、机械设备加工制造、冶金建材为支柱的产业发展格局。

2005年投资兴建的东北袜业纺织工业园位于辽源经济开发区，是由民营企业筹资建设的袜业集中工业园区，主营业务为袜业园区开发、运营、产业链条综合配套服务及生产、研发、检查、培训、交易、物流等，产品以棉袜为主，兼有无缝内衣、丝袜、T恤、打底裤等。经过10年的发展，袜业和内衣产业已成为该地区经济发展的支柱产业。园区先后被国家人社部命名为“全国大学生创业孵化示范基地”，被中国纺织工业联合会、针织工业协会命名为“中国袜业名城”、“中国棉袜之乡”，形成了“南有诸暨、北有辽源”的袜业产业发展格局。

目前，园区已建设厂房和附属设施125万平方米，各类企业入园810户（其中织造企业401户），装备袜机2.75万台（套），配套产业链条（袜机厂、染厂、包覆纱厂、包装厂、专线物流）均已建成，2015年可实现棉袜产能23亿双，产值65亿元，就业2.3万人。园区先后吸引全国36所高校近2000名大学生在园区创业、就业，创办袜厂和三产企业135户。

进入到2016年，园区将全面进入战略升级阶段，园区重点抓产品、强技术，全面提升产业竞争力，围绕“三化”（生产自动化、管理数据化、园区信息化）、“三链”（长链条、短链条、资金链）、“四个换”（ 腾笼换鸟、空间换地、机器换人、电商换市）和“两区”（二园区、智能物流园区）、“双创”（大众创业、万众创新）、“双服务”（服务园区、服务社会）进行建设，真正构建起袜业产业长、短链条，提升服务功能、扩大服务范围，致力发展平台经济，更好地发挥园区的产业承载能力和反哺社会能力。

到“十三五”末期，将实现“25256”宏伟目标，园区建筑面积200万平方米，棉袜产能50亿双，内衣产能2亿件，直接、间接就业5万人，袜机等设备将达6万台。园区未来将成为全球运动袜品牌供应商，中国棉袜前十名电子商务企业供应商。

枣庄文化衫

山东省枣庄市市中区是“十二五”期间国家重点针织产业集群试点地区，2014年度被中国纺织工业联合会授予“中国针织服装名城”，近年来，地方政府十分重视纺织产业集群的发展，始终坚持提振信心，创新发展、优化产能，夯实后劲的发展理念，取得了骄人业绩，打造了极具影响力的区域品牌。

一、科学谋化、布局

纺织服装产业是市中区传统支柱产业，是出口创汇优势产业，为使产业健康、持续发展，寻找发展实破口，区委、区政府在“十二五”之初即委托中国针织工业协会高起点编制了《山东枣庄市市中区针纺织服装产业“十二五”发展提升规划》，为产业的快速发展制订了科学路线图。目前，又委托省相关专家编制纺织产业“十三五”规划，早布局、布大局，确保我区纺织服装产业按层次推进。

二、积极搭建服务平台，树立区域品牌新形象

先后规划了枣庄经济开发区纺织园、税郭镇纺织产业园，完善基础设施配套，制订入园企业优惠扶持政策。吸引了中东阿齐兰兄弟公司、浙江正凯集团、台湾吉庆集团等一大批国内外纺织大公司以及上海、江浙、内蒙众多客商落户纺织产业园。目前入园企业已达260余家。今年1~10月份，全区纺织产业直接出口创汇18139.7万美元，同比增长12.6%，实现了产业逆势上扬。区委、区政府还积极为纺织产业搭建服务平台，先后举办了七届“中国（枣庄）针织文化衫交易会”，并于2012年9月成功举办首届“中国针织产业集群年会”，极大促进了我区纺织企业与全国重点针织产业集群企业的合作交流，提升了枣庄市中区“中国针织服装名城”在全国的影响力，每年组织骨干企业参加PH value中国针织（秋季）博览会，鼓励企业参加境外展会，为参展企业展位补贴，加大了企业与国际客商的交流合作，收到了较好效果。

三、装备更新加快，区域品牌辐射力加强

近年来，集群纺织企业加大落后设备淘汰力度。连续三年淘汰落后染整设备300余台（套），落后产能1.6亿米，获得国家补贴2300万元。目前，全行业一大批先进的开幅定型生产线成衣吊挂流水生产线、电脑喷墨印花、电脑刺绣、自动裁床、电脑调色仪和化验室、低浴比、低能耗的高温、高压、染整设备相继投入使用，有效提升了产能和效益。今年，多数染整企业产

量比去年增加30%~40%，来自青岛、临沂、淄博等周边地区的染整订单明显增多。

四、改革扶持政策落地生花

为不断提升我区“中国针织服装名城”这一区域品牌含金量，区委、区政府出台了系列优惠扶持政策，积极打造营商环境。在企业入园、技改、品牌培育、电子商务、企业上市、参展补贴等出台了专门的定向优惠政策。2015年10月份，新一届市委、市政府又把纺织产业列入全市重点优先发展的六大产业之一，提出了“主动适应新常态，打造纺织名城新形象”的工作思路，为我区纺织产业“十三五”持续、快速发展奠定坚实基础。

专题篇

第一章 “互联网+”纺织服装品牌融合发展

在全球新一轮科技革命和产业变革中，互联网与各领域的融合发展呈现广阔前景和无限潜力，并成为不可阻挡的时代潮流，正对我国经济社会发展产生着战略性和全局性的影响。2015年3月，李克强总理在政府工作报告中提出，制定“互联网+”行动计划，推动移动互联网、云计算、大数据、物联网等新一代信息技术与现代制造业结合，促进电子商务、工业互联网和互联网金融健康发展。在国家“互联网+”战略的实施过程中，纺织服装行业积极推进新一代信息技术与产业的深度融合，提升行业协同创新、精准营销、精细管理的水平，优化产业链、供应链和价值链，推动纺织行业向高端化、智能化、绿色化、服务化转型，加快“纺织强国纲要”中实施品牌战略的步伐。

一、互联网发展对纺织行业的影响

历经多年发展，我国互联网已成为全球互联网发展的重要组成部分。互联网全面渗透到经济社会的各个领域，推动着我国向信息社会发展。纺织服装行业顺应时代潮流，成为较早应用互联网的行业。

（一）互联网发展现状

随着互联网普及率的提高，互联网对人们生活方式的影响进一步深化，从基于信息获取和沟通娱乐需求的个性化应用，发展到与医疗、教育、交通等公用服务深度融合的民生服务。同时，在云计算、物联网及大数据等应用的带动下，互联网还推动农业、现代制造业和生产服务业的转型升级，提升了电子商务交易额的增速，推动了政府管理和公共服务水平的提升，促进了文化传播和社会交往方式的变革创新。

1. 互联网普及率持续增长

在2015年7月23日中国互联网络信息中心（CNNIC）在京发布的第36次《中国互联网络发展状况统计报告》显示，截至2015年6月，我国网民规模达6.68亿，半年共计新增网民1894万人。互联网普及率为48.8%，较2014年底提升了0.9个百分点，整体网民规模增速继续放缓。在手机网民规模上，截至2015年6月，我国手机网民规模达5.94亿，较2014年12月增加3679万人。网民中使用手机上网的人群占比由2014年12月的85.8%提升至88.9%。从电子商务情况来看，2015年1~9月，我国电子商务交易额已超过11万亿，同比增长25%。

另据2014年中国互联网络信息中心调查显示，53.1%的网民认为自身依赖互联网，其中非常依赖的占12.5%，比较依赖的占40.6%，而且是学历程度越高的网民对互联网的依赖比例越大，由此说明互联网已经成为社会精英、白领阶层的工作、生活和娱乐的“基础元素”。其中网购表现比较突出，2014年我国网民6.5亿人，网购用户3.6亿人，25%的企业开展了网上销售，电子商务的交易额近13万亿元，个人网购规模近3万亿元。

2. “互联网+”的提出

“互联网+”这个概念于2012年在业界首次提出，与2007年出现的“互联网化”概念一脉相承，强调互联网与各传统产业进行跨界深度融合。2015年3月，李克强总理在政府工作报告中提出，制定“互联网+”行动计划，推动移动互联网、云计算、大数据、物联网等新一代信息技术与现代制造业结合，促进电子商务、工业互联网和互联网金融健康发展，引导互联网企业拓展国际市场。总理的报告奠定了我国推动“互联网+”战略的实施，“互联网+”也成了今年最热门的网络关键词。

“互联网+”是把互联网的创新成果与经济社会各领域深度融合，推动技术进步、效率提升和组织变革，提升实体经济创新力和生产力，形成更广泛的以互联网为基础设施和创新要素的经济社会发展新形态。

国务院发布的《关于积极推进“互联网+”行动的指导意见》（国发〔2015〕40）号，提出了11个方面的专项行动。这些专项行动包括“互联网+”创业创新、“互联网+”协同制造、“互联网+”现代农业、“互联网+”智慧能源、“互联网+”普惠金融、“互联网+”益民服务、“互联网+”高效物流、“互联网+”电子商务、“互联网+”便捷交通、“互联网+”绿色生态、“互联网+”人工智能。

3. “互联网+”与《中国制造2025》的关系

国务院发布的《中国制造2025》与“互联网+”行动计划，是我国网络经济与实体经济跨界融合、协同互动的纲领性文件。

工业制造是国民经济的重要支柱，是实现发展升级的国之重器。当前发达国家和发展中国家都在致力加快“再工业化”和工业化进程，我国经济要顶住下行压力，度过新旧产业和发展动能转换接续期，就必须坚持走新型工业化和信息化融合之路，顺应互联网等新技术和产业变革新趋势，打造中国制造新优势，为我国经济保持中高速增长、迈向中高端水平提供强大支撑。《中国制造2025》主线是信息化、工业化深度融合，主攻方向是推进智能制造，而“互联网+”是重要的实现路径。

（二）互联网在纺织服装行业的作用

纺织服装行业在互联网应用方面取得了明显的进步，数字化的车间、智能化的管控系统、品牌企业与消费者的深度互动，都为纺织服装行业的转型升级带来了新的机会。以纺织服装电子商务发展为例，随着中国纺织服装电子商务市场进一步成熟，企业开始由追逐增量向提高服务质量和培育品牌方向转变。2014年中国纺织服装电子商务交易额就达到2.96万亿元，占全国电子交易总额的22.14%。2015年上半年，纺织服装电子交易额达到1.76万亿元，同比增长24.82%。

1. 纺织服装行业的互联网化水平有了很大进展

大力推进纺织服装行业与互联网技术的融合发展，是纺织服装行业转型升级的重要任务。从目前制造业与信息化融合发展的现状来看，与德国工业4.0系统比较，我国纺织业处于追赶3.0，试点4.0的阶段。在过去的十几年获得了快速提高，具体表现在五个方面：一是企业的信息技术应用的范围更广，水平更高，设计、生产、管理、营销各环节均大量使用信息技术改造提升。二是公共信息服务水平不断提升，在各级政府和各界支持参与下，纺织产业集群地投入大量人力物力搭建公共信息服务平台，服务水平这些年也迅速提高，在中小企业成长过程中发挥重要作用。三是纺织服装电子商务应用发展迅猛。无论是企业间还是面向消费者的电子商务交易，纺织服装行业都是最活跃的行业，纺织服装产品电子商务交易额近五年均以30%~50%的速度在增长。四是重点企业的智能制造已初见成效。棉纺、化纤、印染、纺机、服装行业均有不少企业在信息化集成应用取得成效以后，尝试推进智能化，实现智能制造，已有许多生产线、生产车间达到智能化水平，成效明显。五是重点区域重点行业的指数建设日益成熟，行业影响力日益突出。常熟男装指数、叠石桥家纺指数、盛泽丝绸化纤指数、柯桥纺织指数、义乌小商品指数、大朗毛织指数等经过多年完善，对行业的指导作用越来越明显，受到企业的欢迎。这些成绩的取得有效提升了企业的竞争力，对纺织行业数据中心建设也将发挥重要的基础作用[1]。

2. 互联网化助力纺织服装行业品牌建设

新形势下，推动制造业由大变强，纺织行业抓住互联网跨界融合机遇，充分利用互联网技术和互联网思维，努力释放纺织服装企业从创意设计到生产制造的巨大创造潜能，推动更多企业追求卓越品质，形成具有自主知识产权的名牌产品，由产品代工向品牌塑造跃升。

以习总书记“三个转变”为契机，在互联网、大数据、云计算、物联网等信息技术带动下，企业品牌建设正发生着重大变革。一是品牌营销模式不断创新，互联网下的新业态、新模式层出不穷。品牌买手店、工厂店逐步兴起，体验消费大行其道。二是品牌推广网络化水平不断提高。其中2014年服装行业的广告投放，网络占到63.9%。三是跨境电商推进品牌国际化步伐。互联网等技术应用，为跨境电商提供了条件。一方面国内企业利用国际资源提升品牌价值，另一方面企业走出去，通过创立自主品牌的海外市场，使品牌走向国际化。四是产业集聚化催生专业服务平台建设。服务平台包括政府对产业集群的产业服务，也包括专业市场电子服务公共平台。

3. 纺织服装企业应用互联网，普遍提高了效益

据《证券日报》统计数据显示，截至2015年8月底，共有36家纺织服装类上市公司发布2015年半年报，其中32家实现盈利，海澜之家、际华集团、华孚色纺、奥康国际等17家公司上半年净利润超过亿元，占比47.22%。汉麻产业、华茂股份、希努尔、凯撒股份等26家净利润实现同比增长，占比72.22%。积极转型并率先应用“互联网+”是这些实现利润增长的企业最大亮点，而且应用“互联网+”越充分的企业，逆势增长越明显。

不仅大型的服装品牌，对于规模小，零散的独立设计师品牌来说，电商平台同样为其带来利益增长。比如D2C设计师集成平台创始人施力曾介绍称均价在2000元左右的独立设计师品牌的单品通过电商平台，在2014年D2C设计师集成平台上实现卖出1万件以上的业绩。

二、“互联网+”在纺织服装行业品牌建设中的实践

“互联网+”是我国工业和信息化深度融合的成果与标志。“互联网+”的核心是将互联网作为创新原动力，实现强大的融合性和可扩展性。从行动计划中的11个重点任务中可以看出，我国纺织服装行业在“互联网+”的融合应集中

[1] 资料来源：纺织行业两化融合水平获得快速提高的五方面，夏令敏，2015.9.14

在“协同制造、高效物流、电子商务和品牌融资”四个重要发展方向。近年来，纺织服装企业从这四个方向进行了有益探索。

（一）“互联网+”助推纺织服装产业协同制造

推动“互联网+纺织”融合，就是要提升纺织产业研发设计的网络化、生产过程的自动化和智能化、管理过程的数字化，加强产业链协作，发展基于互联网的协同制造新模式。具体内容包括在纺织服装、鞋帽领域推进智能制造、增强智能服务和实现协同创新，加快形成制造业网络化产业生态体系。

1. 大力推进智能制造

智能制造是我国制造业未来发展的方向。作为我国传统制造业组成部分，纺织服装行业在面对内外需求均不足的背景下，正在探索实现研发设计、生产工艺、和终端产品的智能化，以提升品牌核心竞争力。

在终端产品方面，速途研究院日前发布的《2015上半年可穿戴设备报告》显示，2015年中国可穿戴智能设备出货量将达到4250万台，同比增长88.1%。2016年智能服装的全球出货量将超过腕式可穿戴设备，达到2600万件，并成为可穿戴设备中占比最大的品类。近日，李宁公司与小米合作发布智能跑鞋，通过小米运动APP即时采集包括距离、配速、路线、卡路里消耗等数据。此外，首款具有陪伴功能的儿童智能服饰品牌“木牙科技”已在京东众筹平台成功筹集到首笔资金。在开发终端智能产品同时，我国纺织企业还开发了一系列智能面料，企业在面料生产过程中使用先进技术，让服装面料具备保暖、保湿等功能。

在设计研发、工艺改进方面，由于消费变革引发市场变化，小批量、多批次的订单让服装企业不得不进行智能化改造，进行柔性化生产。杰克缝纫机股份有限公司启动了缝制设备行业的首条智能化自动生产线。使用该条生产线，精加工车间人员可以从315人减少到10人，生产成品一次性合格率达99%，制造精度提高20%，单台人工成本每年可下降80%。报喜鸟集团的第一条智能化生产线也已改造完成，通过智能化生产，将突破原有个性化生产品质和生产效率降低的瓶颈，实现“个性化生产不降品质、单件流不降效率”的目标。在工信部近期公布的46家2015年智能制造示范点中，青岛红领集团的服装研发设计、山东康平纳集团有限公司的筒子纱染色智能工厂项目，成为纺织服装类示范点。康平纳的智能工厂已建成自动化、连续化生产线，可以实现染料助剂自动配料、筒子纱自动输送等功能。青岛红领将数据驱动、3D打印逻辑、智能制造、精益管理和互联网深度融合，全球化产业链协同，生产效率提升了30%，员工数下降了20%[1]。

2. 加快增强智能服务

目前，部分纺织服装企业开始利用互联网采集并对接用户个性化需求，注重用户体验，推进设计研发、生产制造和供应链管理等关键环节的柔性化改造，开展基于个性化产品的服务模式和商业模式创新。

在增强用户参与方面。越来越多的科技公司将科技因子跨界植入服装实体零售终端的互动性和科技体验感，更为大数据的采集整理提供途径。目前，一部分3D试衣系统可以真实复制每个人的身材曲线，告诉消费者不适合哪些衣服，还可以让消费者在任何一个能上网的地方使用手机或平板电脑试穿服装，并记录每次试穿的效果。还有的服装企业借助智能门店系统，通过在衣服

[1] 来源中国服装网

上嵌入的智能芯片，当顾客走进试衣间时，显示屏会自动显示顾客试穿的样式，推荐搭配，使得顾客在门店的停留时间明显增加。还有的企业能够让顾客根据自己的喜好，通过网络点击不同选项设计衣服颜色、衣袖、内衬、下摆，或者可以绣上自己的名字，设计完成，他们就可以选择预订设计款，立即下单，甚至将自己的作品分享到社交媒体。

在个性化定制方面。青岛红领集团和报喜鸟是比较成功的例子。青岛红领通过互联网打造C2M平台，支持自主的生产网络，从消费者到工厂，实现个性化产品的工业化生产。经过了12年的努力，红领在服装行业建立了四大数据库系统，其中板型数据库里面有上万亿的板型，完全是摆脱了板式的束缚。另一个款式数据库也是非常庞大的，只要消费者在终端根据自己的需求设计好这一款产品之后，可以经过红领的生产线7个工作日之内将产品给消费者发货。大规模定制，使红领2014年销售额超过60亿元，增速达150%，而零库存更是成为行业内的奇迹。报喜鸟也是实现个性化定制服务较为成功的案例。2015年1~6月，报喜鸟个性化定制服装实现同比50%左右的增长。报喜鸟实现多品类私人定制，品类涵盖西装、衬衫、大衣等。报喜鸟所有工厂的年产能在100万套左右，智能化工厂建成后，个性化定制的基础设施已经不是问题。为此，报喜鸟推出智能裁缝创业平台，目的在于能够整合全国现有的两万多家传统裁缝店，与这些传统的裁缝店形成联盟，打造个性化定制生态圈。报喜鸟公司的目标是到2017年，私人定制服装业务要实现公司自有品牌销售收入的50%。

近年来，随着消费者收入的积累和消费需求的升级，中国高级定制行业发展迅速。尤其在彭丽媛身着民族品牌定制服装出访获得全球好评后，国内自有服装品牌定制市场一度升温。然而，尽管这一产业目前处于发展快车道，青岛红领、报喜鸟也有了一定探索，但未来需要进一步提升产品品质，塑造品牌个性，提升国际影响力，并向产业化发展。

3. 提升网络化协同创新能力

加强互联互通，建立完善协同创新的体制机制，是有效整合纺织行业管理资源、改善管理效率的重要途径。纺织服装企业不仅通过互联网与产业链各环节紧密协同，促进生产、质量控制和运营管理系统全面互联，而且利用互联网技术广泛整合政产学研用、产业链上下游、行业内外多方资源，协同完成关键技术研发及下游开发应用，确保科技创新成果快速有效地转化为现实生产力和市场效益。

在上下游协同创新方面，仪征化纤建设得纺织染整装置，就将产品科研开发链主动向下延伸一步，形成了化纤产业和织造产业之间的技术重叠区和复合带，为科研开发打造了一个新的技术创新平台。此平台可以使科研人员广泛收集面料流行趋势，及时了解国际市场原料、面料的最新技术，从而增强仪化的整体竞争力和可持续发展能力，网络化协同作用为促进纺织企业的技术升级和适应瞬息万变的市场起到了很好的作用。

服装企业与电商、物流以及其他产业的跨界融合已经非常普遍。朗姿股份2015年提出了“泛时尚生态圈”战略，连续参股、收购电商APP品牌“明星衣橱”，与联众国际搭建“互联网+时尚”战略布局；并于2015年6月在香港成立全资子公司，为境内外市场的投资和垂直时尚品牌的引进做铺垫。红豆集团于2015年4月29日，以红豆电信名义与悠络客签约战略投资协议，实现“智慧服装”与专业智能监控服务商的跨界合作。近年来，思凡以时尚的名义集约了建筑、影视、文化、艺术和人文，从不同角度即东方与西方、人文与科技、传统与现代、形式与内容上进行大开度的跨界融合，在时尚界首创雅集来诠释“和解”的主题。

在互联网兴盛的时代，纺织服装行业与其他行业联姻已成为大势所趋。只有整合资源、跨界合作，才能延伸价值链，为企业带来新的利润增长点。因此，一些行业间也开始悄然进行着各种跨界和融合。比如2015年8月青岛海尔与中国服装协会的合作、中国纺织工业联合会与中国百货商业协会的合作、中国纺织工业联合会和上海市政府的合作备忘录的签署，都是互联网思维下的跨界合作。

（二）“互联网+”促进高效供应链整合

2015年9月29日，国务院办公厅印发《关于推进线上线下互动加快商贸流通创新发展转型升级的意见》（国办发〔2015〕72号），提出支持发展品牌联盟或建设品牌联合采购平台，集聚品牌资源，降低采购成本，深化电子商务应用。此次《意见》的出台再次为传统企业“互联网+”的发展指出了明确的方向，其中提到的应用互联网技术建设供应链协同平台，更是将重点延伸至采购端。近几年纺织服装企业应用互联网，从采购、供应链管理、订单管理以及仓储物流等方面做了有效探索，只有利用“互联网+”优化产业链各环节，才能为更多的企业创造价值。

1. 专业网站平台为企业提供了更多选择机会

在互联网时代，物联网成为采购环节的重要支撑。

在原辅料采购方面，中国纺织材料交易中心是中纺联唯一授权的从事纺织材料现货交易的第三方电子交易平台，该平台为纺织企业提供电子交易、信息资讯、价格指数、仓储监管、物流配送、融资服务、质量检测、品牌推广、产品营销等于一体的综合服务，实现了产业链互动交易、协同合作。其他B2B平台也很多，比如2015年9月刚上线的环球经编网，就为纺织行业提供丰富的供求信息，包括纺机、原辅材料等。

各地也有一些纺织服装工业园区、产业聚集地，园区配套服务也能为企业提供供求信息。比如浙江海宁经编产业园区，坚持经编特色这条主线，完善配套服务供应链，提升价值链，2015年着手建设经编原材料大宗商品采购平台、经编面料网上销售平台、经编终端产品设计研发推广平台等三大网络平台。

2. 全局的订单生产管理

全局的订单管理，需要互联网技术的支持，纺织服装企业考虑到当有不同渠道融合在一起时，会出现不同的订单类型和多样化商品服务水平，这就要求企业有各种订单拆分汇总的能力，达到提供不同消费者和渠道的要求。把不同订单汇总和拆分的同时，能够快速的反馈给消费者，什么时候到达目的地，或者在什么地点到门店提货，最后在整个订单管理系统中，要强调追踪和回溯订单的执行和在整个物流体系中商品流的运转过程。

江苏吴江伟江纺织公司就是一家实现网络化管理生产窗帘的企业，为了适应客户的趋势，有效改造生产线，实现在线设计、下订单、采购、生产、销售等流程，依靠全局的订单生产管理，减少了半成品周转时间，有效节省了时间。据统计，在江浙等纺织服装产业发达地区，70%以上的企业选择服装等纺织品单件流生产系统，有效已经成功解决了订单小批量多种类问题。

3. 构建敏捷可视的整体供应链体系

在过去店铺铺货一般是根据个人感官决定的，而感官是临时性的，这会造成非常大的供应链冗余，造成仓储爆仓以及退货，这将会耗费非常大的物流运输成本。怎么样从大仓到小仓，分时段的叠加补货，成为考验企业供应链非常重要的能力。

在2015年8月工信部组织的两化融合管理体系论坛上，了解到现在部分纺织服装企业应用RFID编码技术和全球应用平台，实现了纺织服装产品的追踪，减少了人员盘点库存的压力，实现了在线可视供应链体系。例如，浙江雪豹，不仅能从网上看到企业产品在店铺的分布，还能看到流转中的产品去向和数量。在前不久参观的江苏五洋纺机，企业内部人员能从手机APP终端，看到产品流向。

在市场需求情况下，对实时库存反馈信息的频率要求很高，当消费者在网站上买商品没有大仓直接到门店，网络会及时告诉消费者在某个区域有仓。整个供应链可视化建设是基于日常的监控，让系统自动帮助公司决策者抓取和了解目前的异常情况，更快速、更及时地解决这些问题，是非常重要的。

4. 高效的仓储和物流

每年的“双十一”，大家都会关注两类新闻，一个是看今年阿里巴巴或者支付宝、淘宝销售额又增加多少，另一个是看物流行业什么时候爆仓。爆仓是基于一些实际限制的情况产生的结果，实际上高效的仓储和物流概念主要包括两点：第一要考虑的是订单导向的快速执行力。第二个是高峰负荷的承载能力。在整个仓储物流中心最重要的是商品流实时追踪，这个追踪不像供应链体系，供应链体系主要是朝向公司内部的，是商品在什么地方有多少库存，这里更重要的是面向消费者的，告诉消费者订单在执行的状态是什么，目前运输到什么地方，这实际上是对高效仓储和物流的信息提出非常重要的。这个体系追求的目标是让消费者重新关注品牌，让消费者重新关注企业的品牌和商品，进一步提升不同渠道线上线下整个购物体验，最终目标是把消费者重新引回门店，增加销售的机会。

（三）“互联网+”促进纺织服装品牌运营

跨入2014年以来，全球电子商务交易额超过了16.2万亿美元，而中国电子商务交易额达13.37万亿人民币，其中纺织服装电子商务交易额为2.96万亿元人民币，占全国的22.14%。统计显示，尽管进入2015年以来，纺织服装电子商务增速放缓，但整体保持平稳增长，预测2015年电子商务交易额将达到3.55万亿元人民币。总的来看，互联网时代的纺织服装品牌运营依然是以电子商务为主，终端产品和专业市场表现活跃。

1. 纺织服装企业间B2B电子商务多形式发展

2014年纺织服装企业间B2B电子商务交易额占整个行业电子商务市场份额的75.34%，依然承担着行业电商发展的主体。纤维原料、纱线以及面料等上游企业应用新型电商模式的积极性越来越高，大宗商品现货网上交易越来越受到企业欢迎。

阿里巴巴、慧聪网、网上轻纺城等第三方平台成为纺织行业电商货源平台，同时专业市场商户与网商间的供货渠道也得到了进一步发展。《2014~2015中国纺织服装电子商务发展报告》显示，纺织服装行业企业在选择B2B平台时85.8%集中在阿里巴巴，68.1%的企业希望寻求内销下游企业客户，23.9%的希望寻找外贸下游企业客户，而36.3%的企业希望寻找国内或国外的上游供应商；寻找下游企业客户的以面料企业为主。

2. 网络零售稳步发展，B2C活跃，D2C兴起，O2O联动

2014年，中国各大电商平台在纺织服装网络零售方面持续发力，发展势头强劲。以服装交易为例，据易观智库发布数据显示，2014年中国B2C市场服装交易规模达到3943.8亿元人民币，每季度都有大幅同比增长，其中第四季度同比增长51.5%。

目前，中国B2C纺织服装市场各电商平台百花齐放，淘宝、京东、唯品会、当当网等电商平台不断完善平台推广功能、支付功能，一定程度上促进纺织服装市场向时尚化、高端化、品牌化方向发展。韩都衣舍是我国知名的互联网快时尚品牌，不仅拥有自己的营销门户网站，也是淘宝网、天猫商城、唯品会、当当网、麦考林、京东商城等多个平台里服饰类综合人气旺盛的服饰店铺，与韩国各大服装厂商的合作，构筑了其“网商神话”。

2014年韩都衣舍旗下就已经拥有了16个品牌、600余人的设计团队，线上销售额达到了15.6亿元。七匹狼自开通线上渠道以来，网上销售额也在不断刷新。目前七匹狼线上销售仍以处理过季产品为主，并且也开始积极尝试O2O、微商等移动客户端商务应用新模式。2014年七匹狼与腾讯微购物携手“发现之旅第二期”，并与“中国好声音”合作，线上线下整合营销取得了意想不到的效果。富安娜从2009年试水电商以来，创立自营的电子商务有限公司，并在淘宝、天猫开设旗舰店，在2011年组建专门研发团队，专攻线上产品设计，2012年自建平台，全面拓展线上业务。目前，富安娜线上业务主要依托知名的第三方电商平台，如天猫、京东、当当网等，自建平台用于品牌推广和O2O模式探索，2014年又推出了微商平台。据年报显示，富安娜2014年实现营收19.69亿元，其中线上实现3.59亿元营收，同比增长6%。

与此同时，各大平台开始纷纷与设计师合作，推进个性化服务，D2C模式大行其道，当当网与中国服装设计师协会合作，上线DANG.DHUB设计师平台，加速转型时尚电商。目前天猫、京东、当当网都已经有大量本土新锐自主设计师品牌入驻。

3. 电商平台多样化，移动网购成热点

传统产业拥抱互联网的一种方式就是主动将销售渠道互联网化，并实现“从工厂直达顾客（F2C）”。通过自建平台，企业不仅可以减少渠道环节、降低销售费用，更可以和顾客建立直接联系，了解顾客具体特征，进而为细分客户群体精准开发差异化、个性化产品，比如海尔公司的“海尔商城”。对于纺织服装行业来讲，第三方平台是行业电商主渠道。

据统计，2014年纺织服装电商应用主要途径，超过70%选择淘宝、天猫、阿里巴巴、京东等第三方平台，其他企业采用了第三方专业平台、其他销售平台、制造商自营平台等多方式运营。随着移动互联网的发展，15.7%的企业开始选择微信、移动APP来营销，2014年纺织服装移动网购人数达到了1.33亿人次，约占全国移动网购用户数量的三分之一。

面对传统渠道逐渐下滑的压力，以及“互联网+”的咄咄逼人，当前服装行业上市公司纷纷通过资本路径加强自身的互联网基因，对相关行业的并购风生水起。2015年6月，左岸(中国)有限公司在上海宣布，收购国内首家移动互联网时装购物平台，大步迈入互联网，涉足的是当下又一热门互联网领域——微商。

4. 出口跨境电商打造纺织服装行业利益新格局

跨境电商是“纺织服装+互联网”企业拓展国际市场的重要落脚点。近年来，跨境电子商务发展较快，互联网对于出口企业的助力作用越来越明显。2014年，我国跨境电商交易规模达4.2万亿元，纺织服装产品仍然是主要类目。企业也利用跨境电商，逐步打造利益新格局。

目前的跨境电商平台较多，规模较大的有eBay、阿里巴巴速卖通、1688等，兰亭集势、敦煌网、环球市场等跨境出口电商在市场上崭露头角。外贸B2C网站兰亭集势2014年前三季度服装品类的净营收达到3700万美元，同比增速达到103.9%；订单数及客户数同比增速均超过50%。2014年7月百圆裤业收购环球易购首次进军跨境电商，很快就扭转了企业净利润下滑的状态，2014年百圆裤业实现营业收入8.42亿元，增长88.6%。

5. 电子商务带动专业平台有效对接，上下游协同发展

在贸易化方式多样化的今天，产业链协同发展成为企业运营主流，随着电商兴起，建立在产业链上的电商平台得到了有效对接和高效互动共融，推动各类专业市场线上向供应链协同平台转型，在经济角度上起到巨大效能转化，降低了企业运营成本，提高了产业链效率，从而形成强大合力。

2014年，纺织服装产业链上中下游在专业市场方面，通过自建交易网站、搭建网络供货平台、推进电子商务园区建设，使电商成为专业市场转型升级的重要手段。典型的电商专业发展形式有产业集群、专业园区和专业平台。其中产业集群以虎门镇服装电商产业带为代表：虎门镇在服装服饰产业具有较高声誉，目前已成为中国服装服饰电子商务重要基地，8个电商产业园涵盖了服装面料、跨境贸易、品牌孵化等产业链各个环节，有力推动了全产业链电商整合；在专业园区方面，常熟昆承湖纺织服装电子商务产业园最具代表，园区包括中服、莫城和高新区三大区域，入驻企业209家，年电商交易额超过5亿元。园区成立以来积极致力于向第三方服务平台转型，从人才输送、电商营销、视觉运营社会化全媒体宣传以及公共仓储物流几方面打造对接平台，打通线上线下产业链；在专业平台方面，网上轻纺城、全球纺织网是绍兴柯桥区打造纺织行业转型升级的重要项目。网上轻纺城依托实体市场，辐射国际60%以上的纺织企业，覆盖了纺织全产业链，构织纺织电商生态网。

（四）“互联网+”品牌融资

“融资难、融资贵”是长期制约我国实体经济，尤其是中小微企业发展的瓶颈。“互联网+金融”的提出，为纺织服装企业品牌融资提供了可能。“电商+金融”模式包括：互联网支付、网络理财、网络信贷、供应链金融、众筹融资、互联网保险、预售订单融资、跨界合作金融、中间业务、货币汇兑、账户预存款、支付工具、移动支付等金融业务，纺织服装品牌企业的融资需求和金融业务，同样适用这些模式，但典型的模式还在于供应链金融、网络信贷、众筹和互联网银行。

1. 互联网供应链金融

供应链金融是指供应链管理的参与者(核心企业)作为组织者，对供应链金融资源进行整合，为供应链的其他参与方的资金提供渠道的一种融资方式，能够通过整合资金、资源、物流等活动提高整个供应链的资金运用效率。供应链金融的具体产品包括第三方金融机构对供应商的信贷产品和购买商的信贷产品。

该业务与电子商务紧密结合，阿里巴巴、苏宁、京东等大型电子商务企业纷纷自行或与银行合作开展此项业务。互联网企业基于大数据技术，在放贷前可以通过分析纺织服装品牌企业（借款人）历史交易记录，迅速识别风险，确定信贷额度，借贷效率极高；在放贷后，可以对品牌企业的资金流、商品流、信息流实现持续闭环监控，有力降低了贷款风险，进而降低利息费用，让利于借款企业，很受纺织服装小微企业的欢迎。

2012年3月，京东开始筹划供应链金融，6月与中行、工行等银行达成合作，正式上线供应链金融系统（图1-1、图1-2）。截至2013年京东供应链融资累计80亿元。京东面向企业还推出小额信用贷款、流水贷款、联保贷款、票据兑现、应收账融资、境内外保理业务等金融服务；面向个人推出保险、理财、黄金、信用交易等进入服务的未来构想。另外京东还推出了投资项目“协同投资信托计划”，据了解供应商如果加入这一投资计划，投资回报率会达到6%~8%。

再比如轻纺城的金融服务平台。是在2013年10月，基于原有的网上轻纺城拓展出来的产品。网上轻纺城作为整个金融平台的核心企业，来对接到中小型企业以及银行，为供应链企业服务。

2. P2P网络信贷

P2P贷款指个人与个人之间的小额信用借贷交易，一般需要借助电子商务专业网络平台（中介机构）帮助借贷双方确立借贷关系并完成相关交易手续。中介机构负责对借款方的经济效益、经营管理水平、发展前景等情况进行详细的考察，并收取账户管理费和服务费等收入。这种操作模式依据的是《合同法》，其实就是一种民间借贷方式，只要贷款利率不超过银行同期贷款利率的4倍，是属于合法的。

近两年，我国P2P网络信贷市场出现了爆炸式增长，无论是平台规模、信贷资金，还是参与人数、社会影响都有较大进步。据统计，2014

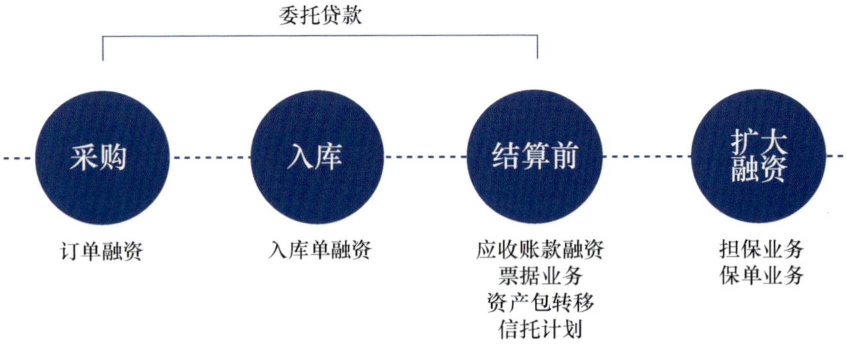

图1-1 京东供应链金融服务

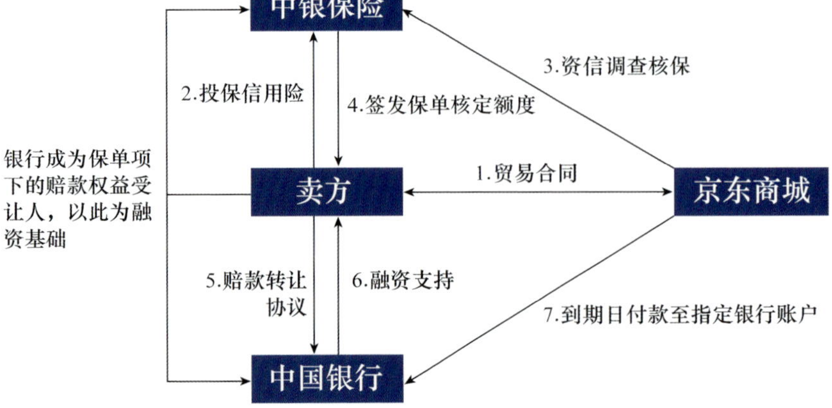

图1-2 京东与中行合作的业务模式及操作流程

年，P2P平台数量已经达到1575家，全年成交金额2528亿元。P2P规模的飞速发展为纺织服装中小微企业融资开拓了新的融资渠道，也为消费者进行资产配置提供了新的平台。

典型案例如报喜鸟，借助与旗下的报喜鸟创投，结合第三方资金的力量——小鱼金服，报喜鸟占10%，报喜鸟的副董事长也是创投董事长，个人投资也占2.5%的股份，另外口袋理财和温州贷也结合到旗下。这就是基于移动端的P2P个人理财产品。

3. 众筹

众筹这种融资模式具有融资门槛低、融资成本低、期限和回报形式灵活等特点，是初创型企业除天使投资之外的重要融资渠道。

目前，我国已成立的众筹平台已经超过100家，其中约六成为商品众筹平台，纯股权众筹约占两成，其余为混合型平台。

以京东为例，2014年7月1日，京东对外宣布正式推出众筹业务，京东的金融版图再次拓展。京东金融做众筹的策略正是从其电商优势入口，主攻销售量最大的智能硬件和流行文化领域。其中在智能硬件领域，京东众筹平台还将联合“JD+计划”、创客社区、生产制造商、内容服务商、渠道商等，搭建京东智能硬件开放生态。不过，需要京东智能云提供芯片级联网服务、全方位大数据、云开放平台服务以及超级APP等。

2015年，在京东众筹平台上，第一款具备陪伴功能的儿童智能服饰品牌——木牙科技登录京东众筹页面，而在这背后是户外品牌探路者的强大支撑，当然，这也是探路者第一次在儿童智能服饰上做尝试。鉴于对创新性产品的好奇心，此次众筹吸引了大众的目光，另外，加上产品的定价至少低于专卖店同款非智能服饰的40%以上，在发起不到一个小时时间，便吸引用户近千名，不到两小时便吸金60万元；不到一天时间即达成众筹目标，这对于首次涉足智能领域的探路者来说，无疑是开了个好头。

4. 互联网银行

互联网银行（Internet bank or E-bank）是指借助现代数字通信、互联网、移动通信及物联网技术，通过云计算、大数据等方式在线实现为客户提供存款、贷款、支付、结算、汇转、电子票证、电子信用、账户管理、货币互换、P2P金融、投资理财、金融信息等全方位无缝、快捷、安全和高效的互联网金融服务机构。

2014年，互联网银行落地，标志着“互联网+金融”融合进入了新阶段。腾讯任大股东的深圳前海微众银行已于2014年12月开业；阿里巴巴任大股东的浙江网商银行也已获批。这两家银行主要依托互联网经营，主要客户定位为小微企业和个人。互联网银行将依靠独特的商业模式与传统银行展开差异化竞争，进而有望带动整个银行业的变革。

浙江网商银行注册资本40亿元，由蚂蚁金融服务集团等六家股东发起设立，以互联网为平台，面向小微企业和消费者开展金融服务，模式是“小存小贷”，主要提供20万元以下的存款产品和500万元以下的贷款产品。未来将推出独立的APP应用。浙江网商银行是首批5家民营银行中的最后一家获准开业的银行，但却是最早正式开门揖客的网络银行。尽管目前不能开户也不能存款，但它将力求以小额信贷为突破口，走出一条具有互联网魅力的轻型银行之路。

三、“互联网+”纺织服装行业品牌存在的问题及趋势

近年来，随着互联网技术及其应用发展，越来越多的纺织服装企业积极拥抱互联网，并在智能制造、电商营销、供应链整合等方面作了有益

探索。但从现状来看，“互联网+”还处于初级阶段，各领域针对“互联网+”都在做一定的论证与探索。在探索过程中还会存在不容忽视的问题，需要引起品牌企业的关注，把握好未来的发展趋势。

（一）存在问题

1. 传统企业运用互联网的技术尚不娴熟

尽管一些纺织服装品牌企业在互联网时代开始了融合发展，但是纺织服装企业与互联网企业融合不够，掌握的互联网技术有限，仍有一些企业不敢触网，还停留在传统运营模式中，有的企业也仅仅是把互联网应用局限在网站的推广、电商销售库存，与智能制造、产业链优化还存在很大距离。

2. 新业态发展面临企业组织机构调整

随着互联网发展，企业管理逐步实现流程化管理，靠流程定岗位，扁平化程度越来越突出，以红领为例，企业就没有财务、人力资源等部门，一切都在线上完成。可见新的业态对企业内部管理的组织架构带来很大冲击，需要重新设置和适应；另外，为了适应信息时代，企业在外部需要利用互联网技术实现协同研发、跨界合作，协同发展，也给企业提出了挑战。

3. 跨界融合型人才严重匮乏

互联网是新兴产业，“互联网+”纺织服装品牌企业的运营及发展模式都不同于以前，以网络为支撑、以页面为载体，需要企业适应虚实结合的交易过程，为此需要企业具有既懂产业运营，又懂网络技术的复合型人才，从现阶段看，复合型人才匮乏已经成为阻碍了企业发展的瓶颈。

（二）发展趋势

“互联网+”是全国性的，也是世界性的。基于当前国家政策、产业连接、创业及资本方面考量，“互联网+纺织服装品牌发展”将出现较为明显的未来趋势。

1. 平台型电商开始细分

在电商方面，平台型电商及生态型电商会广受关注，包括大型平台及地方平台，无论是淘宝、京东还是某地的小型商城，将会有更多的纺织服装企业与其接洽。甚至这些平台会专门成立独立的“互联网+”服务公司，更深入到品牌企业内部。当然，平台或生态不只是线上的，线下的资源整合的一定程度，也能催生出专门平台，实现精准服务。更多的平台或者生态出现以后，“互联网+”要做的只是生态与平台的连接，更有利于行业的整体升级。

2. “互联网+”助力创新创意基地、集群生态及孵化器

目前，全国的孵化器已经超过1200个，孵化器在接下来的发展中，将主推“互联网+”，传统企业融合“互联网+”的新模式企业将会与高新产业一样受到孵化器的重视。下一步有些纺织服装产业园区会建成纺织产业的智库中心，使入园企业拿着智库提供的大数据会非常清楚地知道下半年的流行趋势，包括色彩、剪裁等，在这一领域基地、集群可能会成为先驱和先导。此外，园区将会通过大生产，将整个产业链拉通，从最上游的原料、设计、打板，到中游的织造，再到下游的售后、服务和体验，在整个产业链真正意义的把它拉通，为聚集在园区的中小微型企业服务。

3. “互联网+”服务商崛起促进行业品牌建设

接下来会出现一大批第三方服务企业，这些企业可能会以互联网企业为主，但不排除部分传统企业也会逆袭成为“互联网+”服务商。其实从服务角度来看，传统企业转型为“互联网+”服务商也是一种转型。盈利方式则是双方对接成功后的服务费用及各种增值服务费用。

这些增值服务可能会是培训、招聘、资源寻

找、方案设计、设备引进、车间改造等。第三方服务涉及的领域有大数据、云系统、电商平台、O2O服务商、CRM等软件服务商、智能设备商、机器人、3D打印等。“互联网+”还要求有一部分专门研究供应链设计及改造的专业人才为广大需要转型升级的企业服务。

4.“互联网+”技术与职业培训成为纺织服装行业新需求

“转型红利”期的第一个热门职业会是“互联网+”技术。由于社会及行业的需要，会催生大量的专业技术从业者。这个职业群体的构成会是成熟的技术人员及运营人员，更多的是通过培训上岗的人员。政府及企业也需要更多懂“互联网+”的人才，关于“互联网+”的培训及特训的职业线上线下教育会爆发。在“互联网+”这一轮热潮中，针对“互联网+”职业教育会兴起，“互联网+”职业培训也会面向两个群体，一是对传统企业在职员工的培训，二是对想从事该行业的人员的培训。

5. 加速纺织服装品牌企业与互联网企业融合

入股与并购是纺织服装企业互联网化最简单快捷的方式，比纺织服装企业高薪挖电商运营团队或者引入高科技人才更直接有效，直接收购互联网企业，企业的全部业务打包性地与纺织服装企业对接，相当于互联网业务外包但又是内部的公司，双方的业务及职工又不受冲突。

第二章　时尚创意产业园区发展概况

一、我国纺织服装时尚创意产业园区发展基本情况

（一）发展历程

2004年6月，我国第一个纺织服装时尚产业园——上海时尚产业园在上海长宁区开园，这是由长宁区政府与中国服装设计师协会共同组建，以中国服装设计师协会和东华大学服装艺术学院的人力资源为依托，以建设国际服装产业界的信息互动、专业设计、品牌发布、产品研发、人才培训等专业功能性发展平台为目标。时尚产业园由商贸中心、展示中心、时尚工作室、休闲中心组成。同期，亚洲时尚联合会在园区内设立了首个中国联络处，这一项目填补了我国纺织服装产业园区的空白。随后，上海市苏州河沿岸及其他各区的旧厂房，兴起了打造时尚或文化创意园区的热潮。

随后十几年，纺织服装创意园区发展迅速，沿海及中心城市，如北京、上海、深圳、杭州等在发展创意园区中走在前列，位于中西部的武汉、南昌等大城市也紧随其后，加速规划建设纺织服装创意园区。例如，广州T.I.T纺织服装创意园是2007年在广州纺织机械厂旧厂区基础上打造为以服装创意为主题的时尚产业园区，园区占地面积约为9.34万平方米，新规划总建筑面积约5.13万平方米，累计完成总投资达2.2亿元，目前已进驻企业74家，预计整个园区带动年产值达百亿，年创税收上亿元，直接和间接解决就业3000人。杭州文创集团开发运营的天堂e谷电商创意园区以浙江雄厚的纺织服装和电子商务产业为依托，构建产业发展平台。目前该园区总投资1.1亿元，建成面积5.3万平方米，入驻企业130家，预计2015年该园区总产值达15亿元。青岛东方时尚中心处在建设初期，但已与3000多名设计师、买手、面辅料商建立了合作关系。

文化创意产业的概念最早由英国创意产业特别工作组定义，源自个人创意、技巧及才华，通过知识产权的开发和运用，具有创造财富和就业潜力的行业。其产业范畴包括：广告、建筑、艺术和文物交易、工艺品、设计、时装设计、电影、互动休闲软件、音乐、表演艺术、出版、软件、电视广播等行业。作为文化创意产业在空间上的集聚，文化创意产业园区是指以创意生产为主要活动，主导产业明确、公共服务平台和设施完备、产业链相对完整、示范作用明显的集聚区。

通过对相关国家（地区）就创意产业的定义和文献的整理[1]（表2-1）可以发现，各国（地

[1] 蒋三庚，王晓红，文化创意产业研究[M]. 北京：首都经济贸易大学出版社，2006.

区）在进行创意产业分类时，几乎都将服装或服装纺织列入其中，同时也有囊括与服装纺织相关的时尚表演、会展、摄影和咨询等相关产业。

表2-1 部分国家（地区）创意产业分类

国家（地区）	创意产业分类中的纺织服装部分
意大利	服装、服饰品及时尚生活用品设计
新加坡	服装时尚
美国	部分版权产业（纺织、服装、鞋等）
中国台湾	品牌时尚设计
新西兰	时尚设计
日本	时尚产业
韩国	传统服装与时尚设计
中国香港	设计（包括服装设计）
上海	研发设计（包括服装设计）

时尚创意产业园区是市场经济驱动下的要素重组的产物，是纺织服装业发展到一定程度的必然选择。随着制造业在国民经济比重中的下降，在空间分布上的转移和扩散，服务业在产业分化中的规模不断扩大。制造企业迁往郊区，内城和老工业建筑闲置，为艺术家、设计师等预留了充分的创意空间，成为创意产业发展的重要空间形态。

然而我国创意产业园区发展尚处于初期阶段，发展程度和发达国家相比还有一定差距，在世界经济一体化的背景下，其面临着巨大的机遇和挑战。

（二）地位与作用

（1）带动地区经济与城市形象的催化剂。近年来，随着经济社会的快速发展，我国文化创意产业一直保持着20%以上的增长速度，成为我国新的经济增长点。创意园区作为纺织服装业发展的新形态，为纺织服装产业发展提供支撑服务。“一个好的文化创意，甚至能盘活一座衰落的城市。”全国政协副主席厉无畏在接受媒体采访时表示，文化创意产业与城市旧区改造的有机结合，可以避免城市文脉的中断，助力我国的新型城镇化建设。

从部分中心城市工业主管部门的调研结果来看，各地方普遍认识到创意产业园对于经济新常态下产业转型升级的重要性，并不同程度地将创意产业园建设作为重要抓手持续推进。

（2）助力资金薄弱的小微企业起步。时尚创意产业园区主要吸引的是以设计能力见长的新一代年轻设计师和工作室等，恰恰这些创业初期的新生代力量最为缺乏资金，相比于租住高档写字楼，时尚创意产业园区的“平价”租金以及浓郁的艺术设计氛围，让入驻企业和年轻设计师有了成长的平台，也提供了创业起步的环境。

（3）推动创意向产品的转化。创意产业园区通过平台搭建与市场对接模式，使年轻设计师的产品设计转化到市场中去，尽快熟悉消费终端，弥补了设计师在创业初期，往往擅长设计与研发，在营销推广方面资源与经验皆不足的短板，推动设计师品牌的发展以及原创市场的丰富，让设计企业有更多精力专注于产品本身发挥所长。

（4）着眼设计企业需求，提供“保姆式”增值服务。纵观国内发展势头好的创意产业园区，无不是经过严谨调研，针对入驻企业特点和需求，设置适合的增值服务项目，比如提供创业指导、信息咨询、政策申请；公司注册设立及相关财务审计报告；联合银行等为企业融资；开展专业培训、会议会展等活动吸引人气；开通网络售卖和掌上APP等推介设计产品。

（三）发展格局

1. 形成三足鼎立格局

从全国的整体布局来看，我国已初步形成三

大纺织服装创意产业中心：以北京为主覆盖华北地区的环渤海纺织服装创意产业集聚；以上海为主辐射江浙地区的长三角纺织服装创意产业集聚；以广州和深圳为中心的珠三角纺织服装创意产业集聚。

2. 构建一城多园形态

近年来，在北京、上海、广州、深圳、杭州等中心城市，创意产业发展迅速，各自规划建设了多个纺织服装创意园区。比如，上海市认定的106家市级文创园区中，以纺织服装和时尚为主导产业的园区约10家；北京主要有798文化创意产业园、751DPARK北京时尚设计广场、BIFT中关村时尚产业创新园、北京大红门服装服饰创意产业集聚区等；青岛市目前规划建设的时尚创意产业园区有四个。

3. 覆盖一主多辅功能

纺织服装创意园区的主要功能是提供设计创意服务，同时配套纺织服装产业链除生产制造外其他服务功能。以时尚设计、文化创意为主题；以新品发布、信息咨询、专业培训、电子商务、展览展示、时装秀场、市场销售等多功能服务为纽带，是纺织服装创意园区的基本定位。此外，部分创意园区跨界融合发展，业务向其他领域延伸，成为集创意、艺术、商业、旅游、影视于一体的时尚创意生态圈。

4. 明确两头做大定位

纺织服装创意园区是集设计、展示、销售推广于一体的平台，注重价值链中附加值较高的设计和销售两端，也就是注重微笑曲线两头，没有中间环节，因为中间的制造环节通常转移到外包的在生产企业完成。创意园区在实现创意、产业、市场的有效衔接上发挥了重要作用，使好的创意设计变成产品，将好的产品推向市场成为商品。

二、地方政府支持产业园区建设的政策措施

地方政府高度重视创意产业发展，并出台相关政策扶持园区建设。

（一）上海

上海以纺织服装和时尚为主导产业的园区主要有尚街loft时尚生活园区、时尚谷创意园、尚之坊时尚文化创意园、上海国际时尚中心、天山时尚园、环东华时尚创意产业集聚区等。因上海工业用地总量受到限制，大部分纺织服装创意产业园区为老厂房改造。

1. 政策意见

发布《上海市政府关于贯彻〈国务院关于推进文化创意和设计服务与相关产业融合发展的若干意见〉的实施意见》，提出“加强规划引导，支持各类市场主体以项目化方式打造形成一批文化创意产业园区、基地。鼓励各类产业园区、基地集聚文化创意和设计服务企业，进一步推进“区区合作、品牌联动”，鼓励区县结合资源条件和产业特色，打造区域性创新中心和成果转化中心”。

在《上海市文化创意产业发展“十二五”规划》中，提出“优化时尚发展空间，重点构建一批时尚创意园区、时尚消费街区”等任务。

2. 开展园区认定

在市文创领导小组和市文创办架构下，修订发布了《上海市文化创意产业园区管理办法（试行）》。原有老厂房等存量用地，可以在土地性质、产权关系、建筑结构“三个不变”的前提下，盘活开发成为文化创意产业园区。园区应满足的主要条件有：有完整的园区发展规划，建筑、消防、安全、节能环保、卫生、历史建筑保护等符合规定，面积在1万平方米以上、商业配

套在20%以下，入驻率在70%以上，有鲜明的主导产业。其中优秀的文创园区，给予示范园区认定。目前上海共认定了106家市级文创园区。此外，相关区县也认定了区级文创园区。

3. 专项资金扶持

经认定的市文创园区，可优先享受市文创扶持资金支持。根据2015年项目申报指南，“对市级文化创意产业示范园区发展予以重点支持；支持具有示范带动作用的各类文化创意产业园区公共服务平台项目，以及为促进园区发展制定的发展战略、产业发展、功能定位等规划类项目，促进产城融合，实现外溢效应。”单个项目资金支持金额一般不超过300万元，支持比例一般不超过总投资的50% 。2014年，有环东华时尚创意产业服务平台、“Design by shanghai”一设计师品牌营销推广等项目获得支持。

4. 加强品牌建设

上海设立了打造“品牌之都”“时尚之都”和“设计之都”的推进目标，以品牌建设为纺织服装产业和纺织服装园区的转型提升方向。具体做法：一是加强品牌宣传，举办首届中国品牌经济（上海）论坛，在人民网开设“品牌上海”专栏，支持举办中国国际服装服饰博览会、上海国际时尚周等活动。二是加强品牌意识植入，举办上海品牌掌门人培训、品牌创新沙龙，2014年全年举办17次，培训掌门人超过400人次；由东华大学建设的上海国际时尚创意学院以及由上海纺织集团建设的上海国际时尚教育中心，与伦敦时尚学院、纽约时装技术学院等国际顶级时尚教育机构合作，开始培养国际化的时尚设计、时尚买手等人才。三是强化品牌培育管理体系，通过市品牌专项资金，引导企业制定实施品牌战略，发动企业积极参加工信部品牌培育管理体系试点工作。四是扶持专业品牌服务机构发展，对品牌服务机构服务品牌企业产生的费用，通过专项资金予以补贴。五是推进上海品牌交易中心建设。根据《品牌价值》《品牌价值评价　纺织服装、鞋、帽制造业》等国家标准，试点开展纺织服装等领域的品牌价值评估和交易工作。

（二）北京

北京作为全国创意产业的中心城市，园区建设也走在前端。北京主要的创意产业园区有北京时尚设计广场、中关村时尚产业创新园等。

北京市出台《北京市推进文化创意和设计服务与相关产业融合发展行动计划（2015-2020年）》（京政发〔2015〕20号），重点涉及我委牵头任务3项，包括培育制造业新业态、推广新型制造模式和构建企业成长培育机制。目前北京支持公共服务平台建设，有多方面资金支持，包括：北京市文资办牵头的北京市文化创新发展专项资金、北京市文资办牵头的文创基金、中国纺织工业联合会牵头的中小企业发展专项资金、中国纺织工业联合会正在设立的中小企业发展基金。

（三）浙江

在纺织服装产业进入增速放缓的新常态下，为寻求结构调整和转型升级，浙江提出了建设时尚特色小镇，借此推进文化创意设计服务与纺织服装产业深度融合。特色小镇是独立于市区，聚焦于时尚产业，坚持产业、文化、旅游“三位一体”，和生产、生活、生态融合发展。

今年浙江公布的第一批特色小镇创建名单中，有5家是以纺织服装类为主的时尚产业，即：杭州艺尚小镇、温州瓯海时尚智造小镇、海宁时尚皮革小镇、桐乡毛衫时尚小镇、诸暨时尚袜艺小镇。

1. 政策文件

2015年4月浙江省政府出台了《浙江省人民政

府关于加快特色小镇规划建设的指导意见》，提出每个特色小镇都要明确投资建设主体，由企业为主的市场化运作推进项目建设。特色小镇规划面积一般控制在3平方公里左右，建设面积一般控制在1平方公里左右。特色小镇原则上3年内要完成固定资产投资50亿元左右（不含住宅和商业综合体项目），特色小镇要建设成为3A级以上景区。

2. 土地要素保障

浙江省将特色小镇建设用地纳入城镇建设用地扩展边界内，按照节约集约用地原则，充分利用低丘缓坡、滩涂资源和存量建设用地。对于确需新增建设用地的，由各地先行办理农用地转用及供地手续，对如期完成年度规划目标任务的，省里按实际使用指标的50%给予配套奖励；对3年内未达到目标的，加倍倒扣奖励用地指标。

3. 财税扶持

特色小镇在创建初期及验收命名后，其规划空间范围内的新增财政收入上交省财政部分，前3年全额返还、后2年返还一半给当地财政。

4. 开展梯度培育

按照“培育一批、创建一批、命名一批”的工作要求，建立梯度创建工作机制，将分批次公布省级特色小镇创建对象、省级特色小镇培育对象、市级特色小镇创建对象三个层次的名单，形成上下联动、渐进发展的培育格局，力争3年内在全省创建100个特色小镇。

（四）浙江平湖

2013年初平湖市专题研究创意园区的筹建工作，并成立了以分管副市长为组长、相关部门领导为成员的筹建工作领导小组，领导小组办公室设在市经信局。

2013年成立了平湖服装创意服务有限公司，市财政用于园区装修、活动举办等经费投入逾800万元。

平湖服装文化创意园以服务产业为主线，以研发设计中心、检验检测中心、培训促进中心、电商运营中心和品牌孵化中心五项功能为特色。

1. 加强品牌建设和推广

组织服装企业抱团参加相关展会和重点地区的时装周，每年召开重点服装企业新品发布会，举办平湖服装博览会、平湖服装设计大赛、服装流行趋势发布、服装产业论坛等活动。

2. 资金扶持

对入驻的专业设计公司、高等院校、高层次人才给予相应奖励，对入驻单位起步阶段给予租金减免，对设计创新、产学研合作的项目给予相应补助。每年投入1000万元资金，用于支持一批重点服装企业的品牌推广。

（五）江西

目前规划建设的主要有三个园区，分别是中国（江西）针织服装创意产业园（南昌市青山湖区）、南康客家服饰创意产业园（赣州市南康区）、绿冬丝绸文化创意·电子商务产业园（九江市）。

1. 政府支持

江西省政府分管副省长多次对打造服装创意产业园作出批示，并率队考察；江西省经信委建立了省、市、区联动机制，加强部门与地方、政府与企业和院校的沟通，及时协调解决园区建设过程中出现的问题；青山湖区成立了中国（江西）针织服装创意产业园项目推进领导小组，九江市政府由分管副秘书长牵头积极推进丝绸文化创意产业园建设，南康区专门明确一位区领导负责园区推进工作。

2. 加强设计集聚

以江西服装学院为核心，将该校优秀毕业生和设计机构联合引进园区。

（六）青岛

目前规划建设的主要有四个园区，分别是：东方时尚中心、国际服装产业城、新高地创意园、纺织谷中际色彩。具体政策措施如下。

（1）各区市招商中的税收、土地优惠政策。

（2）文化创意、科技政策。文化部门的创意产业项目资金扶持政策，科技部门的孵化器、创客政策。

（3）创业服务政策。工业用标准厂房分割出售（300平方米）、股权投资（最高500万元）政策。

（4）经信委纺织服装创意产业引导基金政策。

三、我国纺织服装时尚创意产业园区的发展模式

近年来，北京、上海、深圳等中心城市纷纷提出打造“时尚之都”或“时装之都”的规划和口号，把发展时尚创意产业作为推动其整体经济发展的重要手段。各城市在具体发展道路上有各自的特点，形成了纺织服装创意产业各自不同的发展模式，概括起来主要有六种：

（一）集聚企业总部

部分一、二线中心城市，向周边省市吸纳企业的总部，聚集到园区内，入驻企业主要在此从事设计、研发、展示和营销等核心环节，以利于企业吸引高级人才、客户对接等业务的开展。如厦门观音山总部群，集合了七匹狼、九牧王、柒牌等大型知名品牌的总部；如深圳大浪时尚创意城，将土地售卖给企业，由企业依据自身品牌特色自建独幢办公楼，目前已有玛丝菲尔、音儿、歌力思、艺之卉等30余家企业入驻；如杭州艺尚小镇，在园区内购买独栋总部办公楼，聚集企业的设计研发等；上海尚之坊时尚文化创意园，占地面积超过7万平方米，园区内有几十幢独栋总部办公楼，红孩儿童装、安利皮革等企业入驻。

（二）搭建服务平台

目前，我国创意产业园区都已不仅仅是以“房东”姿态招商，大都会在园区创建之初，就对进驻企业设计经营所需要的各项服务如研发中心、展示推广中心、物流中心等公共服务平台进行了较完善的规划，以此吸引企业。如青岛国际服装产业城，占地2000亩，建设有会展中心、研发中心、面辅料交易中心等生产性经营配套，整合政府、企业、科研院校、资本、服务平台、产业运营商等资源，实现六方联动；搭建融资、用工、会展、采购、物流等十大服务平台；上海时尚谷创意园，总规划占地约 2000 亩，内部集聚了中国色彩研究应用中心、中国流行面料发布展示中心、中国时尚信息服务中心、时尚设计师俱乐部等公共服务平台；平湖服装文化创意园，突出研发设计、品牌运营、人才支撑等生产性公共服务，设立研发设计中心、检验检测中心、培训促进中心、电商运营中心和品牌孵化中心五个功能区块，主要提供服装设计服务（包括设计采购、设计外包、定制服务、快速成型等，并逐步延伸到时尚设计、创意设计等内容）、服装设计平台（包括设计大赛、设计对接、设计成果转化平台等）、品牌运营和品牌发布、检验检测、人才培养培训、知识产权保护等服务。还与东华大学、浙江理工大学、嘉兴学院等高等院区建立合作关系，引进了浙江省纺织测试研究院平湖所、国家纺织服装产品质量监督检验中心（浙江）平湖所等机构。

（三）集聚商贸功能

帮助入驻的商户创造利润，是园区的主要目

标。部分园区专门开辟展销中心，以系列化的呈现方式纳入企业和设计师的产品，并专门进行营销宣传和推广活动，促进产品的交易。如广州T.I.T纺织服装创意园的名店街，以名设计师服装定制为主，奢侈品销售为辅，为服装品牌企业和设计师提供其创意设计成果的固定的形象展销窗口；如上海国际时尚中心，原址为上海第十七棉纺织总厂，占地面积超过12万平方米，是一个大型的纺织服装品牌奥特莱斯。

（四）聚焦设计研发

以突出设计为主的园区定位，园区在招商时就考虑更多的引入各相关类型的设计企业，以使其互补共赢。如北京751D·PARK北京时尚设计广场，汇聚了二十多家服装设计师品牌（如王玉涛的BEAUTY BERRY男装设计师品牌、曾凤飞的FENGFEI ZENG高端男装品牌、邹游的YOUZ女装设计师品牌）、服装个性化定制工作室或展示厅（如郭培的玫瑰坊SHOWROOM、刘薇的玫瑰黛薇定制工作室），以及为产业企业提供设计服务的工作室（如武学伟WU.D工作室）。此外，还有陈列设计及培训、广告视觉设计、汽车研发设计、建筑内饰设计、原创音乐设计等。751D·PARK北京时尚设计广场自2007年开园以来，每年两次成为中国国际时装周每季的主场地，每年汇集国内国际设计师及品牌新品或设计作品发布会上百场。

（五）依托人才优势

通常以临近纺织服装艺术类高校为基础建立园区，借助于高校的创意类权威教学理论、纺织服装艺术等相关专业学生资源和创意氛围，将高校中优秀的设计人才直接嫁接到园区发展。如北京服装学院的BIFT中关村时尚产业创新园，凭借北京服装学院的年轻设计师群体优势及国际设计新秀资源；如上海环东华时尚创意产业集聚区，以东华大学为核心辐射源，推进周边时尚载体建设。这个由上海服装集团承建的环东华智尚源楼宇，建筑面积近 8000 平方米，定位于引进设计师工作室以及提供时尚发布和资讯等服务。东华大学内部的上海国际时尚创意大楼，建筑面积约 7 万平方米，已获得教育部批复；如江西服装创意产业园则由江西服装学院牵头鼓励优秀毕业生和设计机构进驻园区。

（六）深耕电商服务

近年来，电子商务风潮席卷全行业，多数纺织服装企业已经意识到互联网经济的重要性并纷纷涉足电商领域，不过，在此过程中成功者寥寥，究其原因，还是缺乏专业的运作团队和经验。创意园区在此大环境下，引进权威电商团队和人才，搭建网上交易平台，不仅分摊了企业的运营成本，也让企业享受到更为专业的服务。如杭州天堂e谷电商创意产业园，总面积达5.3万平方米，集电商总部基地、展示中心和品牌运营中心为一体；杭州的电子商务起步早发展快，园区以电子商务为发展主线，重点构建以B2B、B2C为核心的电子商务交易技术平台，重点引进电子商务、信息软件、设计研发等新兴产业；江西九江市绿冬丝绸文化创意·电子商务产业园，融“电商”与“文创”于一体，用电子商务帮助产业转型升级。同时，也有很多园区其在发展和经营方式上是兼括了上述两种或两种以上的模式的。

四、我国纺织服装时尚创意产业园区发展存在的问题

总体而言，我国纺织服装创意产业园区发展尚处于初期阶段，发展中存在一些问题。

（一）客观方面

1. 区域发展不平衡

目前大部分创意集中在东南部沿海经济发达地区，这些地方政府高度重视创意产业发展，并制定了一系列扶持政策。随着纺织服装产业向中西部转移，中西部纺织服装制造业规模将继续扩大，但中西部地区设计创意产业发展严重滞后，难以为制造业发展提供支撑和服务。

2. 用地和空间局促

创意产业园区项目介于商业地产和工业地产之间，土地性质难以定性，导致后续建设及销售模式较难确定，一些创意园区用地不能以工业用地性质通过审核，而商业用地摘牌的成本也让园区难以承受。

部分大型中心城市的创新园，其可租赁面积较小，无法满足现实需求。比如中关村时尚创新园，现已全部租罄，但还有部分想要入驻的企业没有空间可租。

3. 政策依赖性较强

创意产业园区的公共服务平台是吸引企业和设计师进驻的重要因素，而目前这些公共服务项目还担负着较多的公益功能，如果没有政府的扶持政策，投资商将对于建设此类项目缺乏热情。一般来说，政府的扶持政策均要落地已启动建设的项目，对于还处在规划初期的创意产业园难以有针对性的推进措施。再者，即使已建成的小规模创意服务平台，如果没有政策支持，初期运营也会很难。

4. 专业人才缺乏

创意产业园区的专业人才目前以自身培育为主，成熟且经验丰富的比较匮乏，团队搭建缺口较大。

5. 运营收益制约

一些大中城市（如北京、上海）倡导总部经济，留下轻资产（研发、设计、创意、时尚环节）产业，将制造业外迁，制造业的体量缩小，相应的产值在减少。

（二）主观方面

笔者在北京各个园区的走访中发现，每一个创意园区的人气不太平衡，要么游客密集，要么门可罗雀，折射出不同园区未来发展之惑。位于北京市朝阳区的798创意产业园区，作为集公共文化艺术展示交流、艺术教育等功能于一体的公益性文化艺术平台，颇具名气，每逢假期更是成为外地游客的必去景点之一。而相比之下，其他的园区除了正在营业的工作室和几个散布在咖啡厅里的顾客，深处城市之中却安静得难以想象。一个个响当当的创意园区，缘何难以积聚人气？

1. 盲目跟风，难有成效

在创意产业园区蓬勃发展的势头下，园区的建设也暴露出一些问题。全国各地陆续涌现的众多创意园，多数是一种追随模仿现象，同质化问题严重。关于园区目标是否符合本地区发展需要（功能定位）、盈利模式是否合理、园区公共服务平台是否能推动产业及经济的发展、园区规模是否与当地的消费需求相匹配等问题，需要进行深入的分析和规划。

2. 产业链不完整，产业集聚效应不强

多数城市的时尚创意产业园区点状分布，各自割裂发展，城市空间布局缺乏集聚效应，因而无法形成在市场化环境下才能自然建立的有序的产业链生态结构，难以实现产业集群性、集约式发展效应。主要原因和表现有两点：其一，大部分入园企业仍处于创业阶段，往往是为享受园区优惠政策，优惠期过后又转入另一园区，较少做依赖园区资源的中长期发展规划。其二，由于园区进入壁垒较低，聚集了大量低成本、个体规模的初级创业者，其低成本、低质量、高模仿的竞争手段往往导致了低层次价格竞争，行业竞争环境不良，难以形成规

模经济，园区企业成长性较差，存在着优势企业被迫逃离园区的“逆淘汰”现象。

3. 发展定位较低，往往沦为商业项目

首先表现为企业多数仍处于产业链低端的来样设计、来料加工环节，缺乏创意核心竞争力和品牌发展意识，未能引领珠三角制造业，获取的设计加工利润有限，而丰厚的创意附加值多被国外品牌商所赚取。

再次是有些创意园区实际已成为商业街区，存在文化创意概念被滥用现象。园区充斥画廊、服装店、时尚精品店、咖啡店、饭店甚至“跳蚤市场”等商业业态，一些地产商为发展房地产项目打出文化创意园区招牌，实际是住宅配套的商业项目，甚至打着文化的幌子开设休闲中心、棋牌室、美容院、酒楼等，侵蚀着纺织服装时尚品牌。

五、我国纺织服装时尚创意产业园区发展建议

在时尚创意产业迅速发展的今天，我国很多城市都提出了打造“时尚之都”的目标。而建立时尚之都最基本的要素，一是要有本土时尚品牌，二是要有标志性的产业聚集区，也就是“时尚地标”，两者都可倚靠时尚创意园区进行培养和塑造。

发展创意园区是重塑纺织服装业价值链、培育自主品牌、增强我国纺织服装业竞争力的重要途径。应立足自身职能，关注并支持创意园区发展。

（一）利用有关政策支持纺织服装创意园区发展

创意园区建设和发展涉及土地、人才、技术、资金、市场等一系列要素，特别是在创意产业发展初期有赖于政策支持，建议工业设计中心评定、中小企业发展专项资金等政策对纺织服装创意园区发展给予倾斜支持。比如：充分考虑创意产业园的公益性质，探索设立创意产业园专属项目用地；将纺织服装创意园区建设纳入文化创意产业创客空间支持范围。如：加强文化创意人才的培养和引进，支持在高等院校设立文化创意相关专业，对于文化创意企业聘用海内外高层次的人才予以奖励。加大对青年设计师的扶持力度，包括税收、房租补贴等。

（二）建立园区联动机制

在现有成型的纺织服装创意园区基础上，成立松散型的创意园区联盟，也可鼓励纺织服装企业、院校、科研机构加入战略联盟，适时组织互动交流，推动资源共享和经验分享，研究影响创意园区发展的共性问题和突出问题，提出解决方案和政策措施建议，引导创意和设计、科技创新要素向创意产业园集聚。促进纺织服装创意园区健康发展。

（三）创新发展思路，落实发展举措

认真分析本省市本地区地方特色，结合产业优势进行园区规划，包括人才孵化、品牌孵化和产业孵化三个层面，根据自身基础确定发展方向与定位。

同时，西部地区亦拥有丰富的民族文化、人文历史和壮美景观等时尚文化产业发展所依靠的优势资源，具有巨大挖掘潜力。比如四川彭州市，提出“休闲成都·时尚彭州”品牌城市发展定位，在纺织服装产业方面大力实施创意产业发展工程，规划建立了华茂国际服装产业园、盛泰家纺服装品牌园、龙洋成都家纺城、成都万贯服装产业园四大园区，初步形成服装产业链，其家纺服装产业已经成为当地建设“千亿产业之城”的重要引擎，值得西部地区借鉴。

（四）创新服务功能

把创意产业园做成轻资产模式，摆脱单纯的园区经营公司身份；加强与资本的合作，提供金融融资和金融管理服务，对接设计与产业，更好服务于产业转型升级的大目标。比如北京竞园创意园区，搭建金融平台实现“园区信用担保体系”，与浦发银行、北京银行等金融机构签署文创产业金融授信，与国际行PE、VC、LP机构建立长效互动机制。以园区名义为入驻企业进行担保，由银行将企业租金直接汇给园区，延缓充实企业的资金链。上海的名仕街，其首创的“品牌交易中心”，是世界第一家注重纺织服装领域的产权交易中心，先从版权交易开始，再过渡到企业本身的产权交易。

理想的时尚创意园区，应该本着创造1+1>2的产业效益。即如中国人民大学文学院教授、文化创意产业研究中心执行主任金元浦教授所指出，创意产业园应该达到产业集群效益，这个“产业集群”概念包含四个意义，第一是地理空间上的相对集聚，第二是产业企业主体间相互密切的联系，第三在产品服务、信息和人才方面的相互依赖，第四是具有重要的产业链连接的意义。

附件　我国纺织服装时尚创意产业园区典型案例

当前，国内部分发展较成熟的创意产业园区通过平台搭建与市场对接模式，使得年轻设计师的产品设计转化到市场中去，尽快熟悉消费终端，弥补了设计师在创业初期资源不足的短板，推动设计师品牌的发展以及原创市场的丰富。

中关村时尚产业创新园

一、概况

2012年3月被授牌，同年10月正式运营，是中关村科学城第四批建设单位之一，与北京市人民政府合作共建，是目前中关村国家自主创新示范区唯一的服饰时尚设计产业项目。总面积13000平方米的中关村时尚产业创新园，坐落于北京服装学院校内，毗邻美丽的元大都城垣遗址公园。

中关村时尚产业创新园的运营机构是北京服装学院独资的企业北京北服时尚投资管理中心。一期1万平方米空间内，在园企业共31家，其中大学生创业企业7家，入驻率100%。

核心项目一是国服研发中心——以2014年北京APEC会议领导人的服装设计成果的推出为契机，官、产、学、研协同合作，着力满足国家和政府重大活动的需求。二是梧桐树网是适合设计师的个人展示和资源分享互动平台——会员可上传原创佳作，发布个人简历，递送求职意向，获取招聘信息，领取设计任务，享受专属推广，线上销售服务，网站签约合作等。三是土城空间，为入驻中关村时尚产业创新园的青年设计师，提供服饰产品作品展卖的空间，与北服艺术设计学院首饰设计、造型系应届毕业生进行合作对接，提供时装定制服务。四是设计师集合品牌BIFTCOLLECTIONS（碧囍）作为老佛爷联营品牌之一，与百余位设计师联合销售原创作品。五是定位于“传统手艺聚集地”的传习馆，有中国传统织造、刺绣、印染、金工、制书等手工艺的实态演示，多个手艺工坊。六是“壹佰號”设计师资源中心，与国外知名面料厂商合作，引进意大利、日本、韩国等进口面料及辅料，以低廉的价格、便捷的途径，服务青年设计师。七是专业的展示中心和秀场，展览中心占地约600平方米，是目前北京最专业的时尚秀场之一，可容纳600名观众，适合各类时装新品发布、影视拍摄。八是服装数字化技术中心，通过技术研发与软件使用，可以完整呈现服装从二维设计到三维成型的立体效果，直接将服装板型转变为三维服装模型，甚至可以看到服装在人体上的试穿效果，让年轻设计师直接体验和应用国际一流的设计软件和技术。

目前合作的设计师达1890位，梧桐树网注册的设计师会员10300位。

二、定位

由北京服装学院主导，因学校距离年轻设计师群体近的优势，定位于聚集全球青年时尚创意创新人才，整合校内外优质资源，服务于北京世界城市和设计之都的建设；服务于中国传统文化传承与创新。

三、园区发展环境

先后获得了朝阳区文化创意产业项目奖励，中关村示范区创业服务体系发展支持奖励，北京市文化创新发展专项奖励，成立了由北京市科委认定的北京市服装产业数字化工程技术研究中心，成立了教育部挂牌的校服设计研发中心，成立了由北京国际版权交易中心挂牌的国内首个时尚产业“数字版权保护交易中心”。2014年，受北京市外办委托，中关村时尚产业创新园全程参与并组织实施APEC领导人服装工作，成立了国服研发中心，2015年继续参与冬奥会服装的组织实施工作。

四、园区发展模式及盈利模式

园区分别在功能建设和公共服务平台建设方面，设计了以时尚产业服务为特色的创新园服务全球青年设计师的全新模式。意图是依托北京服装学院的学科和人才优势，搭建若干时尚设计领域具有设计师资源服务、产品服务、推广服务等多功能的公共服务平台。这些平台具有多向开放的优势，既有学校资源完全面向园区和企业开放的资源优势，又有平台面向校内吸引学校教学科研方面的成功人士和在校学生及毕业生进入平台从事各类服务的人才优势；有促进时尚设计企业集聚的优势，又有相关专业型企业可以得到校内科研成果进一步提升服务项目科技含量的优势，是多赢的良性互动模式，最终促进两园（创新园、校园），两区（学校社区、周边街区）共同发展。中关村时尚产业创新园公共服务平台发展的初期目标，是为入驻中关村时尚产业创新园的设计师企业、工作室提供服务，远期则是要将中关村时尚产业创新园打造成为全球时尚设计高端人才创新创业的聚集区、世界前沿时尚设计高科技产品研发和服务先进标准创新的引领区、国际性时尚产业服务领军企业的发展区、具有全球影响力的服务时尚产业的辐射区、体制改革与机制创新的试验区。

（一）创业孵化服务平台

为高校优秀人才设计创业团队以及由高素质人才率领的、有发展潜质的创意专业设计类小企业或团队提供优惠的孵化条件，包括创业指导、房租减免、信息咨询、政策申请；公司注册设立、年检、增资、变更、转让、注销；税务登记、代理记账、申报纳税；增值税一般纳税人认定、转让、延期、转正；验资报告、审计报告、资产评估等。截至2015年9月，已为110家小企业提供创业服务。

（二）时尚产业服务平台

时尚产业公共服务平台围绕创业人才聚集、创意设计、品牌包装推广、企业运营管理等要素下设设计师资源中心、设计师聚集线上平台、设计师推广中心、演出与模特经纪中心、产品研发与品牌运营中心、产品展示展卖中心、服装安全检测中心、传统服饰文化传承中心。分别在面辅料供应和设备使用、设计素材收集与时尚资讯发布、时尚品牌策划与研发、产品推广与销售、中国传统手工艺传承等方面为广大独立青年设计师、服装专业类学生、时尚爱好者、创业团队提供设计所需的各种资源与帮助。

经过近三年的运营，各服务平台运营情况良好，为100余名设计师成功对接企业、买手，转化设计作品2000余件，产生流水销售600万，为入驻企业申请到政府支持资金130万元。时尚产业公共服务平台定期或不定期为创业团队或设计师举办面料促销、展销会，各类时尚讲座，组织设计师、创业者参与时装周、服装博览会等活动1000场。

751 D·PARK北京时尚设计广场

一、概况

751 D·PARK 北京时尚设计广场是在北京正东电子动力集团有限公司（原751厂）退出生产的厂房基础之上建成。

2006年初，为贯彻落实北京市委、市政府关于发展文化创意产业和建设“时装之都”的规划部署，北京市工业促进局和中国服装设计师协会根据市政府的指示，开始着手在位于798艺术区东侧的751厂区，筹建并规划改造时尚设计园区。

2007年3月18日，A、B座正式揭牌，成为北京时尚设计广场最重要的组成部分。总占地20万平方米的751 D·PARK北京时尚设计广场，同时又是751厂区的核心改造部分。

2007年11月，中国国际时装周主场正式确定在751 D·PARK北京时尚设计广场每年3月、10月两季举行，与此同时，中国知名时装设计师工作室和创意设计公司也落户时尚设计广场。

目前，751 D·PARK北京时尚设计广场已入驻时尚、跨界设计类工作室及其他创意公司百余家，涵盖服装服饰设计、广告视觉设计、汽车研发设计、建筑内饰设计、原创音乐设计等。北京国际设计周751国际设计节、中国国际时装周、中国国际大学生时装周为特色的常态活动，吸引了众多国内外时尚设计群体。

此外，一些国际顶级奢侈品牌也在此举办年度推广活动。爱马仕、兰博基尼、万宝龙等国际一线品牌都曾在此举办过大型活动，使751 D·PARK北京时尚设计广场形成了以服装服饰设计为引领、“动、静”结合的设计产品展示、时尚生活体验、国际创意及设计产业交流的平台，并且实现了时装、艺术、影视、传媒、IT、汽车等全方位跨界合作，现已成为艺术区最大热点和北京时尚地标。

二、主要构成及功能

751D·PARK北京时尚设计广场共分为以下几个主要展示区域，以时尚设计为主题，展示、发布、交易为核心、产业配套、生活服务功能于一体的创意产业集聚地和时尚互动体验区为定位；以时尚设计为引擎，不断推动原创设计及国际交流，打造设计产业交易平台，引领时尚潮流。按照国际化、高端化、时尚化、产业化的发展目标提供全面完善的服务与配套为发展目标。

1. 知名时装设计与创意设计汇聚区

751D·PARK北京会所A、B、C、D、E座：A、B、C座都坐落在751厂区的北侧。A座共4层，为目前中国服装设计师协会的办公区与一个

1057平方米的中央发布大厅；B座为两层的LOFT空间的设计师工作室办公区，汇集了中国三位服装设计最高奖“金顶奖”得主武学伟、刘薇、曾凤飞的设计工作室，以及概念久芭模特经纪公司的办公区；C座除王玉涛、郭培、邹游等设计师工作室与品牌办公区外，另有1300平米的时装发布厅——第一车间，以及能容纳上百人的会议论坛专业场所——不拘讲堂。D、E座为入住国内外知名设计师工作室或品牌的办公区。

设计师大楼：建筑面积4.7万平方米，地上六层，地下三层，可以提供近百个从100平米到上千平米的各种规模和特色的设计师工作室及展演、展示空间。其中地上一、二层的8.2米的LOFT挑高空间，更是为设计师及品牌展示提供品牌传播的平台。极致简约时尚的后现代设计、独特的展示空间以及优雅的配套设施，设计师大楼用其独特的魄力展现了工业美学的可创造空间，吸纳着一切与设计有关的作品在这里展示、发布和交易。

目前，751D·PARK北京时尚设计广场已入驻时尚、跨界设计类工作室及其他创意公司百余家，涵盖服装服饰设计、广告视觉设计、汽车研发设计、建筑内饰设计、原创音乐设计等领域。

2. 中国国际时装周主发布场所

自2007年11月以来，751D·PARK北京时尚设计广场被确定为中国国际时装周的主发布场地。发布场地有：

中央大厅：位于751D·PARK北京时尚设计广场A座，面积1057平方米，内部有可随意拆卸的T台，两边可移动的椅子，可容纳300~500名观众，全新的一流音响和设备，屋顶专门的吸音处理，使这里成为北京第一个时装发布专用场所。

第一车间：位于751D·PARK北京时尚设计广场C座，是由751工厂原有旧加压机房改建而成的，面积1300平方米，层高超过12米，有主发布厅、贵宾室、新闻发布厅与保留了旧机台的序厅，发布厅可容纳500~600名观众。

七九罐（Tank Zone）与751新罐（Gasometer）：面积分别为3300平方米与3500平方米，是在751工厂煤气储气罐基础上改建而成的，始建于1979年，分别于2007年与2011年完成改造。

不拘讲堂：面积约200平方米，作为综合性多功能厅，可以承接各类会议、娱乐、发布、展示活动，成为品牌新闻发布会、时尚专题研讨会、流行趋势讲座、专业培训讲座等会议或论坛的主场地。

中国国际时装周吸引了上百家来自全国及海外的品牌和设计师参与，参与报道的媒体数量超过280家，专业观众超过7万人次，已成为发布流行趋势、引导消费潮流、阐述生活方式的综合窗口，成为北京时尚产业建设的重要抓手。

浙江文创集团

一、概况

重点打造的产业园区领域包括三类：文化创意设计园、电子商务园、科技互联网孵化园。简介如下。

杭州天水177创意园：集聚约130家文创企业、艺术家。

杭州富义仓时尚创意空间：首创性地将国

家级文物保护建筑富义仓改造成为文化创意园区。

杭州天堂e谷电商创意产业园：融“电商”与“文创”于一体，用电子商务帮助产业转型升级，预计2015年园区企业总产值15亿元。

绍兴文化创意园：集文化艺术产业、创意体验、艺术风情旅游为一体。

嘉兴中华两岸文创园：致力于打造两岸文化创意产业集聚。

湖州艺术小镇：以传统手工艺与民间工艺品展示销售平台、区域特色产品创意展售街区及慢生活休闲街为一体的艺术小镇。

二、主要措施

（一）硬件设施

建有秀场、会议室、一站式服务大厅、仓储基地、员工宿舍、标准篮球场、咖啡吧、针对电商企业特性的专业餐厅、便利店、银行等提供生活休闲所需。

（二）平台服务

前期（管家式服务）——平台研究、金融、法律、物业、电信、办证。

中期（产业链配套）——影视制作、视频拍摄、摄影棚、网络运营、网络推广、数据流量分析、网页设计、投资管理。

中期（活动推广）——氛围打造、微信、官网、视频、展厅看板、微博、DM、户外广告、电商论坛、产品特卖。

后期（政策护航）——每年地税缴纳30万元以上返还50%。

（三）专业运营

1. 用产业链招商

园区集聚中小电商企业总部、物流公司、移动支付公司、IT科技公司、电商软件服务公司、平面设计公司、垂直型电商企业、摄影摄像制作公司、广告公司等以及金融、投资、人力资源等类型企业，这些公司间相互自然产生业务来往，也能够降低它们的信息交流成本和交易成本。

2. 用服务留商

降低入园企业的营运成本，提高入园企业的生产效率，增加入园企业的商业机会，打造投融资平台，助推入园企业的发展。

3. 用艺术化氛围建设产业园，降低投资风险

通过既有调性又节省装修成本的两全方式，为企业营造艺术化办公空间。

4. 组织设计师长短期国内外培训

自2007年开始，与英国圣马丁设计学院、欧洲设计学院等合作，每年选派优秀设计师前往国外进行为期一年或半个月的长短期专业培训。

5. 发展电子商务

重点构建以B2B、B2C为核心的电商交易技术平台，重点引进电子商务、信息软件、设计研发等新兴产业。

6. 投资与基金

为进驻的创客团队提供风投基金支持，并对接引入更多的创投公司和投资基金作为保障。

7. 导师团队

联合业内著名创业者和精英，从企业团队搭建、技术开发、运营管理、市场营销、财务资本等方面提供全方位的指导。

定位于用丰富的资源为小微创新企业成长和个人创业提供低成本、便利化的服务平台。

广州T.I.T纺织服装创意园

一、概况

广州T.I.T纺织服装创意园前身为广州纺织机械厂，工厂创建于20世纪50年代初期，当时的主营产业为纺织机械及部分军工产品，随着时代变迁和产业的升级转型，昔日几千人的工业厂区逐渐被城市发展所包围，成为了城市的中心区域，广州纺织工贸集团为配合城市的整体发展规划，积极响应市政府“退二进三”“三旧改造”政策号召，于2004年停产，2007年将广州纺织机械厂旧厂区打造为以服装创意为主题的时尚产业园区。园区划分为：21设计区（名师）、创意区（名企）、时尚发布中心（名模）、名店街（名牌）、服务配套区、红酒窖。

2013年园区与光大银行签订园区企业投融资战略合作协议，真正建立了产业信息、人才、金融高端服务平台。

二、定位

以广州2200多年的历史积淀与服装文化底蕴为背景，以服饰、创意、文化、艺术为主题，着力构建涵盖华南地区、辐射东南亚的服装设计、研发、发布与展示平台。

三、带动作用

（一）打造总部经济及纺织服装产业集聚区

截至目前项目已进驻企业74家，以服装、服饰、时尚为主，科技、文化为配套的五大产业；其中上市企业3家，包括七天酒店总部、匹克运动服饰华南区产品设计中心、腾讯集团广州总部，预计整个园区带动年经济产值可达百亿，年创税收上亿元。

（二）培育纺织服装行业龙头企业和项目

诸多优质成长性企业，成为行业发展的领军者，包括著名香港设计师邓达智设计工作室、“金顶奖”得主服装设计师刘洋设计工作室，全国十佳设计师屈汀南设计工作室、爱帛服饰（法国品牌MO&CO）、鼎欧服饰（法国品牌）、匹克服饰、美思内衣、广州纺织工贸集团品牌中心、菲凡妮（英国品牌）、克劳拉尔（意大利品牌）、梁志天设计咨询公司广州分公司、中信华南（集团）设计院、广州信凯投资有限公司等创意设计企业入驻园区，依托园区优越的地理及行业发展优势，企业自身知名度也得到推广和发展壮大。

（三）民族自主品牌崛起之重要平台

T.I.T创意园一直倡导原创设计研发及企业品牌打造，以进驻园区并实现迅速发展的MO&CO.等品牌实例，给面临产业转型难题的中小服装企业提供了可行性参考，以推动实现服装服饰产业从代加工到设计研发、自主民族品牌建设的产业转型过程。

（四）促进上下游产业链建设

在创意园区服饰及时尚行业的带动下，已衍生出众多相关的如形象设计、摄影制作、展览策划、广告传媒等创意文化产业的创业、发展；在保持服装创意设计为主导的同时，注重吸纳这些多元化的优秀创意企业入园创业，营造创意互动、联动发展的产业发展环境。逐步形成以服装服饰、时尚、文化创意类型为主的企业集聚区。

（五）促进大学生就业

与广州大学、广州工业大学建立了“大学生实训基地”“研究生培训基地”双向人才战略合作平台，园区可提供就业岗位3000个以上，其中大学生就业岗位约2000个以上。

尚之坊时尚文化创意园

一、概况

尚之坊时尚文化创意园是上海首席旗舰型时尚产业综合体，由法诗图集团投建，项目总占地面积70069平方米，是一个以纺织服装行业与时尚品牌产业链为主导的产业集群、品牌集群和创意集群。

尚之坊汇聚了服装行业的所有产业链，将原料采购、造型开发、设计打样、制作加工、物流仓储、渠道通路、商品销售等众多产业链逐一解构，在园区内打造一站式的行业专属开发平台。一期商户入驻率达80%以上。其中时尚服饰类企业占50%，如诺奇、L2、红孩儿、BEYOND（彬晖）、红瑞兴、帕兰朵服装、意大利FASTO酒庄等；原辅料企业占15%，物流快递等上下游服务性公司占15%。其他创意办公类等占20%。

二、定位

尚之坊时尚文化创意园定位于打造上海时尚产业的现代服务平台。

三、盈利模式

厂房租赁与平台服务相结合。

四、平台服务

为入驻商户提供的五大服务平台包括：

总部基地：以优惠的产业支持政策、项目的便利区位、全面的产业服务平台，吸引时尚产业、服装品牌及其上下游产业链的实力型企业进驻园区。

服装电子商务平台：尚之坊搭建电子商务平台，并为客户带来全新的消费模式——“个性化+体验式+电子消费”，即在线聚集众多知名服装设计师；在线聚集服装上下游产业链与制造商；在线聚集众多消费者亲自参与设计，建立设计师与消费者直通渠道；在线聚集知名时尚服饰网站等新型渠道，形成“多品牌、短渠道、代销售”的直销商城合作策略。

专卖示范与发布展示平台：汇集百家服装品牌专卖连锁加盟示范店，以及流行趋势与新产品展示发布为主的“时尚发布展示中心”，时尚产业上下游产业链整合等活动。

成长型企业、品牌的孵化及交易平台：作为青浦出口加工区中占据重要地位的园中园，以及未来上海面向国际国内的时尚产业展示窗口，尚之坊为中等规模时尚服饰企业提供品牌孵化及培育、企业发展、产品交易、上市融资等多方面的服务。

信息资源与创业投资平台：尚之坊与国内外知名服装院校（东华大学等），意大利、法国服装设计协会培训机构等合作建立了专业培训、人才培育的合作关系，促进园区企业与专业机构的相互交流，并组建服装企业的专业猎头公司，负责人才供给、出国考察培训等服务。同时，项目运营后还将成立创投公司，专门负责园区后续创业孵化基地及产业交易平台的建设和运营。

深圳大浪时尚创意城

一、概况

2003年深圳市规划建设的“深圳服装产业集聚基地”位于龙华新区大浪办事处，规划面积1.46平方公里，引进玛丝菲尔、影儿时尚、歌力思、茗、城市丽人、梦诗、雅韵、杰西、淑女屋等三十多家知名服装品牌企业，规划建设公共服务平台、企业总部大厦、孵化器、研发中心等项目。基地主要包括四大功能分区，A区为产业功能区，集中了玛丝菲尔、艺之卉、梵思诺、卡尔丹顿等。B区为商业配套区，建成后将为十多万人提供集餐饮、住宿、娱乐、消费于一体的优质全面的生活、商务配套服务。C区为总部经济区用地，将建设服装研发中心、服装学院、中小企业孵化器等设施。D区为生态旅游区环抱基地外围，该片区为规划面积超过2平方公里的城市郊野公园。

2011年12月30日，龙华新区成立，按照市委市政府对龙华新区“加快转型升级典范区、特区一体化示范区和现代化国际化中轴新城”的战略定位，龙华新区的决策者们用国际化的眼光重新打量这块已建设了8年之久的产业集聚地。在新区重点打造的9个功能片区中，明确“把大浪石凹及周边4.6平方公里片区建成集时尚创意产业产、学、研、销、购、展、游于一体的‘大浪时尚创意城’”，布局高端品牌服装、黄金、珠宝、钟表等。周边聚集了一百多家服装鞋帽等时尚品牌企业，各龙头服装企业集产品设计、品牌经营与生产零售于一体，初具贯穿整个价值链的规模经济效应。

大浪时尚创意城还与诸多全球知名时尚创意企业和特色院校建立了战略伙伴关系，孵化培育品牌生活馆产品所需的设计创意人才。

二、定位

通过平台服务，助推品牌企业实现产业升级。

三、产业优势

（一）市场化竞争成长，质量水准国内领先

大浪服装产业发展始于外商投资，以接单生产、外销为主，所以大浪的服装生产企业基本上是严格按照国际质量体系标准进行生产加工，从起步开始就按市场经济规律运作，与国际接轨早，市场化程度非常高，对市场的快速反应能力强。众多企业引进了ISO 9001、ISO 14001、OHSAS 18001等国际标准，部分企业还引入了环境和职业健康安全管理体系、5S及六西格码管理模式等。

（二）产业集聚式发展，成就中国女装制造基地

经过20年的发展，大浪服装已形成了比较完善的产业系统，在加工制作、面料、营销、设计等各个环节都有发展很好的企业，构成了较为完整的纺织服装产业链，建立起了集服装高新技术及产品研发、服装生产加工、仓储物流、展示销售、专业人才培训为一体的名牌服装产业集聚区域。

（三）邻近香港与国际时尚互通，深圳得天独厚

深圳很早就吸引了大批国外服装品牌进行贴牌生产，及时了解国际服装款式、色彩、面料及国际服装市场的变化动态，率先一步紧跟时尚潮流，牢牢把握国际时装发展趋势，使龙华服装行业对世界流行潮流的把握和平均品质水平处于全国领先地位，从而生产的品牌服装以其流行性强、款式时尚、面料独特的特点在国内自成一派，成为国内服装中体现潮流感和时尚性比较突出的服装品牌群体。如歌力思、爱特爱、玛丝菲尔等很多服装企业在就聘请法国著名服装设计师担任艺术总监，奠定了深圳服装在全国的设计领先优势地位。

（四）注重差异化创意设计，设计师品牌已成为独特优势

由于深圳的服装设计师和企业家来自于全国各地，有相当一部分港澳台的企业到深圳落户发展，因此形成了个性鲜明、设计独特、充满活力的服装差异化设计风格和时尚潮流的产品特色。涌现了欧柏兰奴、淑女屋、天意、吉祥斋等个性鲜明的设计师时装品牌，深圳市自己培养的著名设计师罗峥、梁子已获得中国服装界最高荣誉——金顶奖，深圳服装品牌顺应了时装时尚多元化和个性化服务的需要。

青岛国际服装产业城

一、概况

包括生产区（标准化厂房）、经营配套区（会展中心、五星级酒店、品牌服装总部基地、电子商务中心、面辅料交易中心、服装创意设计中心、服装国家级检测中心等）和生活配套区（包括员工生活区、生活购物中心、休闲娱乐餐饮街）。

在《青岛市人民政府关于印发青岛市2013年重点项目及责任分工的通知》（青政字[2013]9号）的文件中，该项目列为青岛市政府重点建设项目第四位，对该项目优先保障建设用地指标、加大项目资金支持、强化项目调度和联合推动机制等。

二、定位

以改变即墨服装产业目前存在的集而不聚、品牌匮乏、档次不高、土地集约化利用率低等现状，通过本项目的开发和运营，实现即墨服装产业的提档升级，重塑即墨服装之都和中国针织名城的城市形象。

三、平台服务

金融平台。先后与青岛农商行、中国银行山

东省分行、即墨政策担保有限公司建立了合作关系，实现了山东唯一工业厂房按揭的落地。目前为33家入驻企业成功融资7000万元，用于硬件升级、技术升级等方面。

政务平台。与青岛市、即墨市两级政府中小企业主管部门、工商、税务、社保等部门密切联系，及时传递国家、省、市政府部门出台的针对小型微型企业的相关政策，为入驻企业提供工商登记、科技企业申报、小企业扶持、技改贴息等优惠政策代理申报。目前，已为97家企业提供工商注册代理服务，1家企业申请科技金融贷款，2家企业代理申报技改贴息政策。

人才培育平台。为解决入驻企业用工难题，在相关部门支持下，创业基地建设的培训机构被授予青岛市唯一的服装类生产性公共实训基地，帮助入驻企业持续解决各种层次、各种类型用工问题。目前，实训基地共开设缝纫、服装设计、CAD打板、电子商务四门课程。

电商平台。为帮助入驻企业快速实现线上销售，园区已联系和引进两组电子商务运营团队，帮助入驻企业实现线上销售。其中，青岛市商务学校与青岛鼎商集团合力打造的电商服务团队，已开始利用淘宝店铺、微店运营等电商服务形式为入驻企业提供网上销售服务。

采购平台。为解决入驻企业面辅料方面采购难题，创业基地与青岛锦桥纺织网合作打造江北第一大面辅料展示、销售基地，打造线上选购、线下体验、多种结算方式组成的O2O面辅料采购模式。

青岛东方时尚中心

一、概况

东方时尚中心项目位于青岛市黄岛新区，占地约785亩，规划建筑面积约近百万平方米，配套建有品牌展示中心、创新型总部中心、亚洲时尚发布中心、品牌会所酒店、国际会议培训中心及各类专业场馆。

园区以时尚为主题，邀约全球优质总部企业与专业服务机构，搭建国际化产业服务平台。园区内预计入驻近300家品牌服装企业及区域管理中心，并集聚近500家设计、培训、会展、品牌等专业服务公司。项目将打造国家级纺织服装产业园。还将助力青岛快速实现产业升级，让“创意纺织”成为青岛的又一张美丽名片。

2015年，园区启动了“寻找心中大师”的项目，把大师的作品和理念传递到园区；“时尚秀场”APP已在测试阶段，将进行线上销售、线下体验相结合的营销模式；启动“时尚消费指数”，用全数据做分析和积累，了解品牌和设计师在消费群体里的认知度，可以挑选出值得去推广的设计师；组织大量的韩国面料到园区与设计师对接；将成立职业再教育学院，并已经和国际高校签订了战略合作协议，通过再教育实现创新；打造工作即生活，生活即度假的园区环境。

二、定位

设计师的专业服务商，传递东方美学的概念，关于东方时尚如何融入世界。

三、发展环境

一是政策环境，在区政府的重视下被评为第九个国家新区、军民融合示范区，这些不但鼓励着园区的建设，更能帮助园区内的创业者创业。二是经济环境，园区承载着国家蓝色战略，北京大学、中科院等众多的关于海洋战略的项目在此落地，是一种经济的导向作用，尤其是大量高科技、高档次、国际化的人才入驻，对于园区时尚度具有很高要求；另外，园区紧临的东方影都每年会带来200万人次，市场很大。三是自然环境，园区所在地有山有海，自然环境绝佳，极具创意感，园区还先后请了10余位国际大师进行规划和再设计，目的是用建筑表达艺术，用艺术驱动设计师灵感和生活状态。

四、盈利模式

一是租金、政府的补贴以及工作室的销售费用；二是运营收益，人才时尚学院是园区的二级产业，包括造星，借助经纪公司包装推广设计师及其产品，采用分级提成方式；三是资本收益，未来全球主要的时尚中心都是金融中心，这种金融加上大消费，利于整个园区持久性的发展，未来的园区将成为基于时尚产业的金融园区。

后 记

《2015年中国纺织行业品牌发展报告》的编撰旨在通过归纳梳理中国纺织行业自主品牌建设的新情况和新特点，系统梳理和研究丝绸、羊绒、针织等重点行业品牌发展情况、特点及问题以及互联网+纺织服装品牌融合发展、时尚创意产业园区发展等热点话题，展望未来发展趋势，提出下一步工作方向和重点，引导和推动中国纺织行业品牌建设。

本报告是在工业和信息化部消费品工业司、科技司的指导下，由中国纺织工业联合会品牌工作办公室牵头，中国毛纺织行业协会、中国丝绸协会、中国针织工业协会、中国纺织工业联合会信息统计部等单位共同研究完成。在编辑过程中，得到了工业和信息化部、中国纺织信息中心、纺织产品开发中心、中国纺织工业联合会流通分会、中华全国商业信息中心、中国服装设计师协会、北京服装学院、东方时尚中心、浙江文创集团、广州T.I.T纺织服装创意园以及北京、上海、浙江、青岛、江西工业主管部门等单位的大力支持，众多业内外人士、机构、专家和学者也给予了真诚的帮助。在此对参与研究编写的相关单位及个人表示衷心的感谢！

因时间仓促，且部分内容尚处研究阶段，编写过程难免存在失误错漏之处，敬请读者谅解并给予指正与建议。